T0244649

EL VIAJE ASTRAL

Experiencias fuera del cuerpo

✳✳✳✳

LA PUERTA PINEAL

Un reporte de investigación

OLIVER FOX

EL VIAJE ASTRAL
Experiencias «fuera del cuerpo»

✳✳✳✳

LA PUERTA PINEAL
Un reporte de investigación

EDICIONES OBELISCO

Si este libro le ha interesado y desea que le mantengamos informado
de nuestras publicaciones, escríbanos indicándonos qué temas son de su interés
(Astrología, Autoayuda, Psicología, Artes Marciales, Naturismo,
Espiritualidad, Tradición…) y gustosamente le complaceremos.

Puede consultar nuestro catálogo en www.edicionesobelisco.com

Colección Magia y Ocultismo
El Viaje Astral – La Puerta Pineal
Oliver Fox

1.ª edición: junio de 2023

Título original: *Astral Projection & The Pineal Doorway*

Traducción: *Verónica d'Ornellas* y *Juli Peradejordi*
Diseño de cubierta: *Enrique Iborra*

© 2023, Ediciones Obelisco, S. L.
(Reservados los derechos para la presente edición)

Edita: Ediciones Obelisco, S. L.
Collita, 23-25. Pol. Ind. Molí de la Bastida
08191 Rubí - Barcelona - España
Tel. 93 309 85 25
E-mail: info@edicionesobelisco.com

ISBN: 978-84-1172-012-0
DL B 7698-2023

Impreso en los talleres gráficos de Romanyà/Valls S. A.
Verdaguer, 1 - 08786 Capellades - Barcelona

Printed in Spain

Reservados todos los derechos. Ninguna parte de esta publicación, incluido el diseño
de la cubierta, puede ser reproducida, almacenada, transmitida o utilizada
en manera alguna por ningún medio, ya sea electrónico, químico, mecánico, óptico,
de grabación o electrográfico, sin el previo consentimiento por escrito del editor.
Diríjase a CEDRO (Centro Español de Derechos Reprográficos, www.cedro.org)
si necesita fotocopiar o escanear algún fragmento de esta obra.

A mi mujer,
¡Oh, Alma, tú temblorosa y radiante ave!
Vuela desde tu prisión: Dios ordena tu prontitud.
La sabiduría y el amor, más allá de la palabra hablada,
Te esperan, liberada.

EL VIAJE ASTRAL

Experiencias «fuera del cuerpo»

Prefacio

LE DEBO mi conocimiento de este libro a Hereward Carrington, En su introducción al libro de Sylvan Muldoon sobre el mismo tema, el Dr. Carrington dice acerca de él: «El único relato detallado, científico y de primera mano de una serie de proyecciones astrales conscientes y controladas voluntariamente con el que me he encontrado en mi vida es el del Sr. Oliver Fox, publicado en la *Occult Review* de1920». Se trata, ciertamente, de todo un elogio. Esto me envió en busca de los artículos originales, los cuales encontré dignos de ser leídos. Corría el año 1929, poco después de la aparición del libro del Sr. Muldoon. Pero no fue hasta hace muy poco que descubrí (aparentemente había sido publicado, pasando desapercibido) que Oliver Fox había ampliado sus artículos, más adelante, creando un libro, el cual está delante de usted ahora. En la obra no figura ninguna fecha de publicación. Pero, como el lector descubrirá más adelante, hay un comentario del autor con fecha de 1 de marzo de 1938, de manera que el libro debe haber sido publicado poco tiempo después. Parece ser que vio la luz sólo en esa ocasión, en Inglaterra. Ésta es la primera vez que se publica en Norteamérica.

Si yo tuviese algún control de la situación, preferiría no utilizar el término «proyección astral». Mucho más simple y exacto es emplear el término «experiencias fuera del cuerpo». Por lo que yo he podido corroborar, el propio Oliver Fox nunca usa el término «proyección astral». Sus artículos originales en *Occult Review* en 1920, por los que se le considera con justicia un pionero en este campo, fueron titulados «La Puerta Pineal» y «Más allá de la Puerta Pineal». (Como él explica en este libro, uno no debería pensar que está utilizando el término pineal en el sentido anatómico). En el texto de este libro tampoco he encontrado ningún pasaje en el que se refiera a ello como «Proyección Astral». Creo que el término le fue impuesto por su editor inglés, imitando el término utilizado por Sylvan Muldoon. A lo que intento llegar es a que el vocablo «cuerpo astral», que fue tan popularizado por el Sr. Muldoon, pertenece a la doctrina de la Teosofía, en la cual tiene otro significado, al ser uno de cinco cuerpos y sin tratarse, en absoluto del más espiritual. Uno debe reconocer, sin embargo, que, como mínimo, el uso del término de «proyección astral» por parte del Sr. Muldoon es el que le resulta más familiar a la gente actualmente, y hay que contentarse con ello.

En este uso del término, el Cuerpo Astral es el Doble, o el equivalente etéreo del cuerpo físico, al cual se asemeja y con el cual suele coincidir. Cada uno de nosotros posee uno. Existe una cantidad substancial de ejemplos en la literatura de la investigación psíquica relativa a casos en los que una persona se ha encontrado teniendo una experiencia Fuera del Cuerpo. A veces ha surgido a causa de un accidente muy serio.

Y otras ha llegado durante el curso de una enfermedad grave. En otras ocasiones ha sido el resultado de una conmoción por una noticia trágica o por una experiencia angustiante. El lector interesado encontrará un breve resumen de todo esto en la introducción de Hereward Carrington al libro de Sylvan Muldoon. Aquellos que deseen ir más allá encontrarán una considerable cantidad de información en los dos libros que hemos publicado: *Human Personality and its Survival of Bodily Death* de F.W.H. Myers y *Phantasms of the Living* de la Sra. Sidgwick. Existe también una pequeña sección, que habla de casos típicos, en *Science & Psychical Phenomena & Apparitions* de G.N.M. Tyrrell, que él llama experiencias «Fuera-del-cuerpo».

Todos estos casos incluyen muy poco trabajo consciente, experimental, en la inducción de experiencias fuera del cuerpo. Es por este enfoque consciente, experimental, que es justificadamente famoso Sylvan Muldoon su libro *The Projection of the Astral Body*. Mucho menos conocido, como ya he mencionado, es el trabajo de Oliver Fox, el cual, en la forma de artículos para *Occult Review,* precedió al trabajo de Muldoon.

Hay una modestia casi excesiva en los escritos del Sr. Fox sobre este tema. Es evidente que él siente profundamente la necesidad de no subrayar aquellas experiencias suyas en las cuales hay evidencias de más peso que en las otras. Él registra sus fracasos y sus experiencias intrascendentes de una forma igualmente extensa. De hecho, el lector acostumbrado a otros relatos jactanciosos, probablemente vuelva atrás hasta el principio de esta introducción y relea con cierta perplejidad el rotundo elogio de Hereward Carrington a este libro. Pero el lector paciente y, por encima de todo, el lector genuinamente interesado, finalmente despertará al hecho de que bajo la descripción aparentemente casual de sus experimentos, el Sr. Fox ofrece una metodología precisa para inducir experiencias fuera del cuerpo. El carácter único de esto en la literatura lo conocemos aquellos de nosotros que hemos tenido que masticar mucha paja sin ningún resultado.

Tal como nos lo cuenta, el Sr. Fox ha evitado en la medida de lo posible cualquier cuestión que no tuviera que ver directamente con las experiencias fuera del cuerpo. Inevitablemente, sin embargo, ha tenido que señalar su propio pasado Teosófico. Pero podemos estar de acuerdo con sus experimentos y sus experiencias sin tener que compartir su visión Teosófica. Existen puntos en común en el tema de las experiencias fuera del cuerpo para personas de las más diversas visiones religiosas o no religiosas. Para decirlo más claramente, las experiencias fuera del cuerpo son un hecho, sin importar cómo lo entienda cada uno de nosotros. Ninguna persona genuinamente abierta de ideas ha cuestionado esto desde el libro de Myers, *Human Personality,* y el de la Sra. Sidgwik, *Phantasms of the Living.* Uno puede, de todos modos, cuestionar la técnica de inducción que nos ofrece Oliver Fox. Pero, cualquiera que sea la conclusión final a la que se llegue, esta técnica merece nuestro estudio. El punto fascinante, al cual mi mente regresa, y al cual la mente de cualquier lector serio debe regresar también, es el carácter único de la narración de la técnica por parte del Sr. Fox.

JOHN C. WILSON

CAPÍTULO PRIMERO

Primeros sueños y experiencias de trance

CONSIDERANDO EL PECULIAR interés que los sueños habían de tener más adelante en mi vida, creo que sería apropiado empezar esta historia retrocediendo a los días en que era yo muy joven y los pequeños y divertidos tranvías tirados por caballos, con sus alegres campanas, pasaban ruidosamente delante de mi casa en la calle Seven Sisters. Algunos puntos de importancia serán traídos a la luz, aunque, naturalmente, tuvieron que pasar muchos años antes de que yo fuese capaz de apreciar su significado. Sería útil, también, aclarar la cuestión de si mis experimentos de proyección han sido posibles debido a alguna anormalidad psíquica congénita; pero debe recordarse que, a pesar de ser generalmente rechazadas por considerárseles tonterías y falsedades, las experiencias psíquicas no son, en absoluto, raras en la infancia temprana.

Siendo niño, progresé de enfermedad en enfermedad (a decir verdad, las primeras palabras que recuerdo haber oído fueron: «Es la difteria otra vez») y mi vida se veía a menudo detenida temporalmente por monótonos períodos en la cama, aunque animada por unos cataplasmas excesivamente calientes y unas medicinas muy desagradables. Sí, yo era, ciertamente, delicado y muy nervioso. Aunque su función original no fuera servir a este propósito, una cruz de latón hundida en el asfalto delante de la iglesia de Holyroad en Southampton, todavía señala el lugar en el cual una vez me tiré sobre mi espalda y tuve una rabieta, para la vergüenza de mi madre y en detrimento de mi bonito traje blanco de marinerito. De lo cual se puede inferir que era yo, además, un poco temperamental.

Al mirar atrás, me da la impresión de que en aquellos días, hasta que tuve siete u ocho años, mis sueños eran principalmente de la variedad de las pesadillas. Supongo que debe haber habido, también, algunos sueños alegres; pero, con algunas excepciones, estos no han dejado una huella permanente en mi memoria, y sé que cuando me iba a la cama tenía miedo de soñar. La mayor parte de estas pesadillas eran comunes y corrientes, pero había dos de ellas que eran recurrentes, y que tienen mucho que ver con nuestro tema de la proyección astral.

A la primera de ellas la he llamado el sueño del Doble. En este sueño, mi madre y yo estábamos sentados en el comedor; casi siempre era de noche y la lámpara de aceite ardía y podía estar encendido el cálido fuego de la chimenea. Al principio, todo parecía muy normal, pero enseguida se producía un cambio extraño en la apacible escena. Mi madre dejaba de hablar y me miraba fijamente con sus hermosos y apremiantes ojos, al tiempo que la luz de la lámpara y del fuego se iban apagando mientras que otra luz, dorada, que no parecía venir de ninguna parte, inundaba la habitación. Entonces se abría la puerta y otra madre, vestida exactamente igual hasta el más mínimo detalle, entraba y caminaba hacia mí; y ella, también, me miraba en silencio con unos hermosos ojos hipnóticos. Entonces el espantoso miedo se apoderaba de mí y, después del habitual esfuerzo por gritar, me despertaba, realmente gritando.

Ahora bien, mi madre (a quien tuve la desgracia de perder muy pronto, ya que murió cuando yo tenía trece años) parecía la cosa más encantadora del mundo. ¿Por qué, entonces, me invadía de terror cuando había dos de ellas? Es cierto que este suceso era contrario al transcurrir de los acontecimientos de la vida real, pero en mis sueños solían ocurrir cosas milagrosas sin que esto me asustara, pues aceptaba y no las reconocía como anormales mientras dormía. En aquella época, y durante muchos más años, me pareció que el origen de mi temor se hallaba en el siguiente dilema: Me veía enfrentado a dos madres, iguales como dos gotas de agua, y no podía distinguir cuál de ellas era la verdadera,. Y, sin embargo, ¿por qué me producía tanto pánico esta incertidumbre? Ahora me inclino a pensar que estos sueños del «doble» diferían de la pesadilla común, que mi cuerpo se encontraba en un estado de trance más profundo del que es habitual durante el sueño normal y que tenía lugar algún grado de separación, de manera que ese terrible miedo irracional tan frecuentemente asociado a este estado de trance invadía mi consciencia.

Durante mi niñez, el sueño del Doble tenía lugar, creo, unas tres o cuatro veces al año, aunque a intervalos irregulares. Cuando mi madre vivía, solía aparecer en él, aunque en ocasiones la escena era distinta y mi padre o algún otro pariente o amigo ocupaban su lugar. Ahora no puedo estar seguro de si alguna vez soñé con ella de este modo después de su muerte, pero este sueño se fue haciendo cada vez menos frecuente, y hace años que ya no lo tengo. Solamente en una ocasión, mi mujer fue la protagonista y otra vez vi a mi propio doble. En este último caso, creí ver a mi Gemelo de la Oscuridad, ya que parecía ser muy viejo e increíblemente malvado; pero es interesante anotar que, a pesar de que me impresionó el aspecto malvado de mi doble, no le tuve miedo.

La otra pesadilla, que para mí tenía una significación especial, era mucho menos frecuente y adquiría diversas formas, aunque el mismo principio subyacente se manifestaba en cada una de ellas. La he denominado el miedo a la Extensión. El primer ejemplo que puedo recordar de este sueño es una interminable procesión de mineros que está vaciando sacos de carbón en una pila que va creciendo, lentamente, cada vez más. Algo en mí, que parece estar conectado con esta columna negra, se va estirando poco a poco. Hay una terrible sensación de predestinación, de inevitabilidad: los mineros nunca dejarán de vaciar sus sacos, la columna negra nunca cesará de crecer hacia el cielo, y el tormento que hay en mí aumentará y aumentará hasta que… Luego viene el pánico, el intento de gritar, y la interrupción del sueño.

El último ejemplo que recuerdo de este sueño tuvo lugar cuando yo tenía, aproximadamente, unos dieciocho años. Soñé que mi abuelo y yo estábamos sentados a la mesa para cenar. De repente, él tomó una moneda de tres peniques de su bolsillo y la sostuvo entre el dedo índice y el pulgar, desde el otro extremo de la mesa, para que yo la viese. «¡Una monedita de tres peniques!» exclamó, «Pero crecerá y crecerá y crecerá ¡y nada podrá detenerla jamás!» El volumen de su voz fue aumentando, hasta que acabó en un grito: «¡Crecerá y crecerá y crecerá hasta partir al mundo en dos!» Ahora, a pesar de que en mi sueño la moneda no aumentaba su tamaño, algo en mí parecía estar conectado con una moneda invisible y estaba siendo estirado, creciendo cada vez más, obedeciendo al horrible monólogo de mi abuelo. Había una terrible sensación de inevitabilidad e impotencia, que culminaba en pánico. Hice eco de su grito, y eso interrumpió la pesadilla.

Cuando era yo muy pequeño, cuatro o cinco años, este sueño de la Extensión hacía irrupción de vez en cuando en el estado de vigilia. Como la mayoría de los niños, a veces entraba en un estado de ensueño mientras jugaba y me quedaba mirando a la nada. Repentinamente, un cambio sutil tenía lugar en la habitación, a pesar de que todo seguía teniendo el mismo aspecto, y yo empezaba a sentir miedo. No lograba comprender la naturaleza de este cambio y sólo podía explicármelo diciendo que «las cosas iban mal». Yo podía tener, por ejemplo, una mano descansando sobre la mesa y la otra sobre el respaldo de mi silla. La ilusión consistía en que no podía retirar las manos de ahí, y la mesa y la silla se iban distanciando lentamente, estirándome; y no obstante, al mismo tiempo, yo sabía, en alguna parte de mi mente, que no se estaban moviendo realmente. Quizás era este conocimiento el que impedía que el miedo adquiriera las proporciones de una pesadilla y acabara en pánico. Yo me esforzaba por retirar las manos y, entonces, con la misma prontitud, las cosas «iban bien» otra vez. Yo era libre, pero me sentía muy desconcertado respecto a lo que me acababa de ocurrir. En una ocasión, mientras mis manos descansaban sobre la cubierta de ganchillo de mi caja de juguetes, el tejido pareció expandirse y separar mis dedos. Cuando las cosas «iban mal», tanto si había luz diurna como si ésta provenía de una lámpara, ésta cambiaba de una forma similar a la que describí en el sueño del Doble.

Creo que estas pesadillas de la Extensión eran, probablemente también, el resultado de un estado físico anormal, al estar el cuerpo en un trance inusualmente profundo, y que estaban invadidas por el miedo peculiar de este estado. Aquí puede haber tenido lugar, también, algún grado de separación de los vehículos, exteriorizándose al surgir en mi consciencia la idea de la tensión o extensión. Las experiencias de Extensión durante la vigilia estaban, obviamente, provocadas por la autohipnosis.

En este punto, es posible que algunos de mis lectores de orientación psicoanalítica se sientan tentados a hacer este comentario: «¡Este Fox parece haber desfondado ya sus experimentos de proyección! Durante la más temprana infancia estuvo dominado por las ideas del Doble y de la Extensión, y todo el resto es la continuación de estos dos hechos. Sus supuestas aventuras fuera del cuerpo han sido puramente imaginarias».

Bueno, si yo fuese la única persona que ha tenido este tipo de experiencias, esta línea de crítica sería digna de una atención seria, aunque incluso entonces creo que sería difícil hacer que el psicoanálisis abarque todos los hechos del caso. No obstante, uno no tiene más que dirigirse a The Mystery of the Human Double, del Hon. Ralph Shirley, para ver la enorme cantidad de evidencias confirmatorias que han aparecido después de la publicación de mi artículo «The Pineal Doorway», en la revista Occult Review de abril de 1920. Aunque en mi opinión las experiencias narradas en este capítulo son de un interés indudable por la luz que vierten sobre mi constitución psíquica, no creo que se pueda decir con justicia que invalidan los resultados de mi investigación. Personalmente, estoy dispuesto a consultar mi horóscopo, al cual me referiré más tarde, para buscar la verdadera explicación de estas fuerzas que se manifestaron en mi vida, produciendo primero los sueños del Doble y de la Extensión y más adelante los experimentos que son el tema de este libro.

A veces, justo antes de quedarme dormido, veía a través de mis párpados cerrados una cantidad de pequeños círculos vibrantes de color azul brumoso o de malva. Ahora describiría esta estructura como algo parecido a una masa de huevos de rana, y apenas en la frontera de la visibilidad. Al principio estos círculos estaban vacíos, pero al poco rato, un diminuto rostro sonriente, con penetrantes ojos azul acero, aparecía en cada círculo, y yo oía un coro de voces burlonas que hablaban con mucha rapidez, como si estuvieran entonando con la vibración, «¡Eso es todo, lo ves! ¡Eso es todo, lo ves!» Siempre decían lo mismo, pero nunca he sido capaz de rastrear el origen de estas palabras o de descubrir su significado, si es que tienen alguno. Y, como la aparición de estos rostros siempre anunciaba una pesadilla particularmente desagradable, llegué a odiar su venida.

Este estado de las cosas persistió durante dos o tres años, aunque debemos recordar que sólo era capaz de ver estos círculos a intervalos irregulares de varias semanas, y luego sucedió lo inexplicable. Los círculos vibrantes aparecieron, vacíos al principio, y, milagrosamente, ¡se llenaron de pequeños frascos de tinta de cristal! ¡Y no hubo ninguna pesadilla! A partir de entonces realicé una proeza de magia infantil. Cuando aparecían los círculos vacíos, yo daba la orden: «¡Que sean soportes de tinta!», pues en aquella época yo confundía el frasco con el soporte. Sin lugar a dudas, los pequeños frascos de cristal aparecían y no tenía ninguna pesadilla. Pero debía ser rápido o, de lo contrario, los pequeños rostros sonrientes entraban primero, y yo oía sus palabras sin sentido, y a continuación llegaba la pesadilla. Este extraño incidente ofrece una buena ilustración del poder de la sugestión, pero tiene también un significado más profundo, ya que en mis experiencias fuera del cuerpo he notado en varias ocasiones, debajo del resplandor dorado que inunda la habitación, esta cortina vibrante, apenas visible, de células circulares. No sé lo que es, pero creo que siempre está presente a la espalda de las cosas, si uno se concentra en ello, aunque con frecuencia no es notoria debido a la naturaleza más sobrecogedora del otro fenómeno. Pero en mis experiencias de proyección, estos círculos vibrantes permanecen vacíos. Era únicamente en mi más temprana infancia que aquellos rostros endiablados o los amigables frascos de tinta aparecían en ellas.

En la habitación en la que yo dormía había lo que solía llamarse una lámpara de «cola de pez», una cosa del pasado, como el farolero con su vara. A través del transparente cristal de la esfera, yo podía ver la luminosa llama, en forma de abanico, con su cono central de color morado oscuro, azul oscuro, desde el cual unos pequeños puntitos rojos se disparaban hacia arriba. En mi estado soñoliento, yo solía observar estos puntos que se elevaban atravesando el oscuro espacio y se perdían en la luminosidad exterior, y a veces las cosas «iban mal» de repente. La luz de la llama de gas reducía su intensidad y esa misteriosa luz de un dorado pálido que provenía de ninguna parte inundaba la habitación. Yo oía sonidos extraños, crujidos y chasqueos, mientras pequeños rayos de luz azul, como relámpagos en miniatura, eran lanzados desde las esquinas de la habitación. Y luego llegaba la aparición:

un hombre con un rostro horriblemente grotesco, un lobo de ojos encendidos, un león, una enorme serpiente, un gran oso negro erguido, de manera que alcanzaba el techo; veía todo esto en distintos momentos. Y yo no hacía más que gritar y gritar. La aparición permanecía bastante quieta, mirándome ceñuda, y yo podía oír a mi madre que corría escaleras arriba en respuesta a mi frenético S.O.S.; pero, tan pronto como ella hacía girar el tirador de la puerta, la aterradora bestia se esfumaba y las cosas «iban bien» otra vez.

Esto debe haber sido muy irritante para mi madre, pero ella era siempre dulce y cariñosa conmigo. Ella, por supuesto, pensaba que yo había estado soñando, y me aseguraba que había sido sólo una pesadilla. Bueno, yo sé que no lo era. Estas experiencias, que eran muy poco frecuentes y que probablemente se terminaron cuando yo tenía seis años, eran sin duda el resultado de un trance autoinducido provocado al mirar fijamente a la llama de gas. Tales apariciones, las luces y los sonidos, son acontecimientos normales cuando uno está en el estado de trance que es el preludio a la proyección consciente. Hay' una cosa, sin embargo, que me desconcierta: no puedo comprender por qué mis gritos no interrumpían el trance antes de que mi madre entrara en la habitación. Quizás se deba a que mi memoria es poco fiable respecto al momento exacto en el cual la aparición desaparecía, pero no creo que esta sea la explicación.

Sólo una experiencia de naturaleza placentera entra en esta categoría. Un pequeño y gracioso personaje vestido de marrón (semejante a esos gnomos de jardín que uno está un poco harto de ver hoy en día) trepó a mi cama y esbozó una sonrisa tranquilizadora. Señaló en dirección a una pantalla que se hallaba cerca, y luego apareció un resplandeciente círculo de luz que ahora me recuerda a la linterna mágica, aunque creo que nunca había visto una en la época en que esto sucedió. En este círculo, desde sus comienzos brumosos, apareció gradualmente una escena encantadora, vívidamente coloreada, de una granja. Y todo se movía. Caballos, vacas, perros, etc., todos moviéndose; patos que nadaban en un estanque; una mujer con un vestido azul que saludaban desde la puerta de la granja. Al poco rato, la imagen se desvaneció, el gnomo desapareció despidiéndose con una inclinación de cabeza y una sonrisa, y yo me quedé aparentemente despierto y muy perplejo. El principal punto de interés aquí es el círculo de luz, ya que en los años que vinieron a continuación lo volví a ver, aunque sin el gnomo y la escena de la granja; y otros investigadores han destacado un fenómeno similar.

Me veo tentado a narrar una experiencia más de mi temprana infancia, aunque no tiene nada que ver con el tema de la proyección. Me encontraba recostado sobre mi cama, era de día y me sentía muy contrariado (quizás me había portado especialmente mal y me habían enviado a la cama más temprano de lo acostumbrado). La vida era un aburrimiento, mis padres eran injustos, y dormirme implicaba sueños y posiblemente de los malos. Pero no había nada que yo pudiera hacer al respecto, de manera que cerré los ojos. Inmediatamente, oí el sonido más prodigioso, como una gran orquesta de trompetas celestiales. Abrí los ojos maravillado y me quedé parpadeando a la luz del día, ¡pues la noche había terminado! Había pasado, aparentemente, en un segundo, y casi cincuenta años más tarde, sigue siendo la única experiencia de esta naturaleza que he tenido. Pues, a pesar de que puedo despertar sin recordar haber soñado, aún así tengo la sensación de haber estado en la cama durante varias horas, y la atmósfera del sueño que no recuerdo todavía permanece.

¡Ay, sí! Grandes cambios han tenido lugar en la calle de Seven Sisters. Los alegres tranvías de juguete hace ya mucho tiempo que han ido a parar a un montón de chatarra y los caballos que tiraban de ellos pastan en los Campos Elíseos —al menos, eso espero—. La vieja casa, sin embargo, aún existe, y de vez en cuando paso por ahí para contemplar, una vez más, las ventanas de las habitaciones en las que las cosas «iban mal» hace ya muchos años.

En Finsbury Park el cambio no ha sido tan grande. Los árboles que conocimos aún están ahí y también una de las fuentes para beber agua que me prohibían usar. A veces me siento ahí y puedo ver, aunque no sea más que en mi imaginación, a una dama muy elegante cuya belleza el tiempo nunca apagará. Ella llega a través de los años para saludarme, y los pequeños rizos dorados que coronaban su frente resplandecen bajo el sol.

CAPÍTULO SEGUNDO

Preludio a una búsqueda

PUEDE PARECER un tanto sorprendente, después de los acontecimientos narrados en el capítulo anterior, que mi interés por los sueños llegase a absorberme tanto; pero durante mi niñez y mi juventud, mi salud fue mejorando poco a poco, y la atmósfera de aquellos primeros años, amenazada por las pesadillas, pasó a formar parte del pasado. Y, ahora, en mi cincuentena, sigo siendo un tanto enfermizo, pero difícil de matar.

En mi época de escolar yo era, en términos generales, bastante normal: trenes a vapor en miniatura, pistolas de aire comprimido, experimentos químicos espectaculares, petardos caseros que hacían explosión prematuramente, ratas blancas, sellos, boxeo, gimnasia, remo y ciclismo. Así transcurría mi vida, de forma bastante placentera y, aparentemente, sin ningún tipo de suceso psíquico. Supongo que yo no era normal en tres aspectos que describiré muy brevemente, con la finalidad de completar mi descripción de la etapa de transición que conecta a los incomprensibles —en aquel momento— sucesos de mi temprana infancia con el verdadero inicio de mi investigación.

Cuando tenía trece años perdí a mi madre, y mi padre la siguió seis meses más tarde. Los días de Finsbury Park llegaron a su fin, y me fui a vivir con mis abuelos a Southampton. Yo era demasiado joven para darme cuenta de la irreparable desgracia que había caído sobre mí; pero mi actitud hacia la muerte cambió, pues hasta entonces le había tenido mucho miedo. Aunque morir pudiera ser un asunto doloroso, yo sentía que más allá de la tumba me encontraría, sin duda, con mi madre, y ese pensamiento despojó al misterioso otro mundo de la mayor parte de sus terrores y estimuló enormemente mi interés por la vida después de la muerte. Hermosa Madre, grande, omnisciente Papá –un tiempo tan corto ante los árbitros de mi destino– ¿dónde estaban ahora? ¿Qué les había sucedido? Leí Light, y a Stainton Moses. Con la ayuda de un comprensivo compañero de escuela, incluso llegué a aficionarme ligeramente a la Ouija y al Espiritismo, pero los resultados no fueron ni convincentes, ni particularmente edificantes. Pronto abandoné estos experimentos, pero continué leyendo cualquier cosa acerca del Espiritismo que cayera en mis manos.

Mi segunda anormalidad era casi vergonzosa, y una clara prueba de que Fox estaba realmente loco; pues yo era un poeta, y las personas bien intencionadas predijeron un gran futuro para mí. Permitid que me apresure a añadir que la promesa verdaderamente extraordinaria de mis esfuerzos como escolar no se cumplió. El talento maduró hasta cierto punto; pero más adelante, cuando me vi cada vez más absorbido por mis estudios científicos, mi musa giró la cabeza y se marchó. Ahora me pregunto si aquellos primeros poemas eran obra únicamente de mi conciencia. Con frecuencia había una sensación preliminar de incomodidad e inquietud, y yo sabía que iba a escribir otro «poema». Entonces, de golpe, las palabras parecían formarse en mi cerebro y yo sentía el ritmo subyacente. Sí, me inclino a pensar ahora que algún poeta, o poetisa, incorpóreo intentaba hacer música con el muy elemental instrumento que tenía a su disposición. Y por esta razón he considerado este asunto digno de ser mencionado en esta historia.

Mi tercera anormalidad tiene una relación muy directa con nuestro tema de la proyección astral. Aunque yo no era enteramente indiferente a los encantos de Día, su hermana Noche me era mucho más querida. El encanto de Día era más como una estimulación superficial de los cinco sentidos; pero Noche entraba más profundo y quizás llegara hasta un sexto sentido. Yo estaba embelesado por la Luna y las estrellas y el misterio de aquella poderosa bóveda. A veces, en invierno, este anhelo por Noche triunfaba sobre mi amor por la comodidad. Obedeciendo a su extraña llamada, me sentía impelido a abandonar el cálido fuego y mis sellos, y a divagar sobre la solitaria comunidad que había bajo aquellas maravillosas estrellas. Y, en ocasiones, trepaba por una escalera que apoyaba contra la antigua pared romana que colindaba con un lado de nuestro jardín, y me sentaba, medio congelado, contemplando a la espléndida Luna. Sí, yo amaba a Noche y, ¿no era acaso la reina de aquel lugar encantado del Reino de los Sueños?

Las pesadillas se estaban volviendo ahora cada vez menos frecuentes y eran, por lo general, pesadillas de las normales, atribuibles a una cena poco moderada. El glamour y la belleza se manifestaban cada vez más en mi vida onírica, y un nuevo tipo de sueños llegó para estimular mi interés. El aspecto de la adivinación nunca me había atraído. Le di una ojeada a un popular Libro de los Sueños y lo deseché con celeridad por considerarlo una tontería, un veredicto al cual todavía me adhiero; pues, aunque un cierto sueño pueda tener un verdadero significado profético para cierta persona, los símbolos empleados pueden variar de acuerdo con la psique peculiar del soñador, y un intento de estandarizarlos al modo de un Libro-del-Destino es absurdo. No existe un lenguaje universal de los sueños.

Una: vez finalizada mi época de escolar, había llegado a las siguientes conclusiones:

1. La mayor parte de mis sueños era, obviamente, una mezcla con, más o menos, muy poco sentido, basada en acontecimientos pasados y recuerdos de libros que había leído. Podían ser altamente placenteros y entretenidos, pero yo sentía que se les pudiese atribuir ninguna importancia. Aquí, por supuesto, me equivocaba; pero las investigaciones del Dr. Freud aún tardarían muchos años en darse a conocer al público en general.

2. De vez en cuando, ocurría que un sueño tenía un verdadero significado profético, pero sólo en relación a asuntos bastante triviales. Mis reflexiones más maduras sobre este tema, junto con algunos ejemplos, se encuentran en «The Prophetic Element in Dreams», publicado en el Occult Review de septiembre de 1920, pero aquí debo limitarme a estas referencias al paso.

3. Cuando soñaba con mi madre, yo no me daba cuenta de que ella estaba muerta, y ella no hacía referencia a su muerte ni me decía nada concerniente a su nueva vida. Por lo tanto, no podía estar seguro de que el sueño no estuviese basado enteramente en mis recuerdos de ella.

No obstante, estos sueños eran extraordinariamente vívidos, y estaban tan cargados de su perfumada atmósfera que al despertar me parecía como si acabara de estar en su presencia.

4. En raras ocasiones tenía lo que podría llamarse un sueño histórico, escenificado a una escala realmente grande y espectacular y aparentemente ambientado en el pasado. Estos sueños tenían dos características peculiares: Yo no era un actor en ellos, sólo un espectador, como si se tratase de un enorme teatro al aire libre; y nunca podía recordarlos con detalle, pues al despertar retenía únicamente una impresión confusa. Al principio, atribuí estos sueños a algún principio escenificador que trabajaba sobre mis recuerdos de libros y de obras de teatro, pero me preguntaba por qué yo no representaba ningún papel en la obra. Más adelante, sin embargo, cuando me familiaricé con la Teosofía, aprobé la teoría de que en estos sueños yo había contactado con los Registros Akásicos, o más probablemente, con su reflejo en la Luz Astral.

Si esta alusión le resulta oscura al lector común, debo remitirlo a cualquier libro de texto de la Teosofía. Y aquí se indica un breve disgresión. A pesar de que soy un místico de corazón, estoy intentando escribir este libro desde una base de Investigación Psíquica, y utilizaré la menor cantidad de términos Teosóficos posible y sin ningún espíritu dogmático. En ocasiones, sin embargo, la terminología Teosófica será útil y posee la gran ventaja de ser ampliamente conocida. Es probable que muchos de mis lectores sean Teosofistas, y por esta razón he considerado más adecuado hablar de proyección «astral» y no «etérica», aunque algunas de mis experiencias sean quizás más etéricas en su naturaleza, utilizando esta palabra en el sentido Teosófico y sin ninguna referencia al postulado éter de la Ciencia. Según la Teosofía, el doble etérico o cuerpo etérico es una extensión sutil, interpenetrante, del vehículo físico, y a través de él circula la fuerza de vida vitalizadora. Cuando es exteriorizado, no puede moverse más de unos pocos pies de distancia de su equivalente material, al cual está conectado a través de una cuerda de plata, y la ruptura de esta cuerda significa la muerte. El cuerpo astral es un vehículo mucho más sutil de la conciencia y aunque éste también se halla conectado mediante otra compleja estructura, o cuerda, al cuerpo físico, tiene una libertad prácticamente ilimitada; ya que esta cuerda parece ser de una elasticidad casi infinita. Ahora, como a veces en mis aventuras fuera del cuerpo he parecido viajar muchas millas, es obvio que el término «astral» es el que considero más adecuado. Por lo tanto, evitaré cualquier confusión con el «éter» de los científicos, y escaparé a la crítica de mis amigos Teosóficos.

5. Sueños en los cuales yo exploraba lo que parecía ser un maravilloso mundo celestial que mostraba los más impresionantes extremos de la belleza y la fealdad, de la atracción y de la repulsión, de la esperanza y de la desesperanza. Este mundo estaba saturado de un glamour indescriptible, una atmósfera aparentemente divina; de manera que, al despertar, sentía que había estado más cerca de Dios incluso en el infierno del sueño de lo que lo estaba en mi agradable habitación iluminada por el sol matinal.

Los sueños de este tipo fueron infrecuentes durante mi niñez, pero mi juventud fue rica en ellos, y ellos engendraron un descontento espiritual, el cual iba en contra de mi creciente interés por la Ciencia ortodoxa y la gratificación de los sentidos a través de los canales mundanos normales. La Tierra era encantadora, pero el sueño celestial era más encantador aún. Me perseguía el recuerdo de una belleza que no era de este mundo.

Y en estos sueños noté, en muchas ocasiones, lo que parecía ser la manifestación de alguna ley divina subyacente. Si uno se enfrentara valientemente a la forma del horror, ésta sería disipada o se convertiría en una cosa bella, y esto último siempre sucedía cuando mi compasión se despertaba y vencía a mi aversión.

6. Observé que, en ocasiones, durante una pesadilla o un sueño doloroso de tipo normal, no celestial, lo desagradable del mal momento que estaba pasando provocaba los siguientes pensamientos: «¡Pero esto no puede ser real! ¡Esto no me pasaría a mí! ¡Debo estar soñando!» Y luego: «Ya he tenido suficiente de esto. Me voy a despertar». Y, rápidamente, escapaba de la situación empujando, por decirlo de alguna manera, al sueño lejos de mí y despertando. En aquellos días nunca me di cuenta de las grandes posibilidades latentes en este descubrimiento, pero mi curiosidad se despertó hasta cierto punto. Me preguntaba por qué era capaz de saber en el sueño que era un sueño única-

mente en algunas ocasiones, y cómo se adquiría este conocimiento. Creo que se me escapó la importancia de esta experiencia porque descubrí que la compartía con más gente. Es interesante anotar que, mientras muchas personas pueden escapar de una pesadilla de este modo, muy pocas saben que están soñando cuando el sueño es placentero o común. Podría ser que la intensa tensión emocional sea la que despierta la facultad crítica de la consciencia, permitiéndole concluir que las extraordinarias circunstancias del sueño están demasiado alejadas de la vida real para ser realidad.

Por ende, en mis días escolares, las fuerzas se habían puesto en movimiento para instarme a emprender mi búsqueda entrando por la Puerta de los Sueños, y el momento estaba casi a mi alcance para iniciar mi gran aventura. Pues era una «gran» aventura para mí, da igual lo que piensen los demás de ella; y, como soy por naturaleza una persona bastante presumida, ¿porqué habría de simular una modestia que no siento verdaderamente? Pero me gustaría hacer énfasis en este punto: mi única razón para concentrarme en los sueños era que encontraba en algunos de ellos una Belleza y una Divinidad que deseaba ardientemente, pero que no podía encontrar en la Tierra. Yo no sabía nada acerca de la proyección astral, ni tenía la menor sospecha del sorprendente giro que darían los acontecimientos en poco tiempo. Me dispuse a iniciar la búsqueda de la Belleza, y al final comprobé, al menos para mi propia satisfacción, que poseía un alma inmortal.

CAPÍTULO TERCERO

Consciencia de los sueños y primeros ensayos de proyección

EN LA PRIMAVERA de 1902, cuando me encontraba yo a medio camino entre mis dieciséis y mis diecisiete años, empecé un curso de tres años de ciencia e ingeniería eléctrica en el Hartley Institute, que más tarde se convertiría en el Southampton University College. Para mí ya existía un lazo sentimental con el viejo Hartley: mi madre había estudiado allí antes de casarse y con frecuencia me había llevado al museo y hablado de los fósiles, mientras mis ojos buscaban al gatito de dos cuerpos embalsamado y a las falsas «sirenas» japonesas. Y fue a principios del verano de este año cuando tuve el sueño que marca el verdadero inicio de mi investigación.

Soñé que me encontraba de pie en la acera, delante de mi casa. El sol salía detrás de la muralla romana, y las aguas de la Bahía de Bletchingden brillaban bajo la luz matinal. Yo podía ver los altos árboles que hay en la esquina de la calle y la parte superior de la vieja torre gris que se alza más allá de los Forty Steps. En la magia de la luz matinal, la escena era enormemente hermosa, incluso entonces. La acera no era del tipo normal, sino que consistía de pequeñas piedras de un gris azulado, cuyos lados más largos formaban un ángulo recto con el bordillo blanco. Me disponía a entrar en la casa cuando, al mirar casualmente estas piedras, me llamó fuertemente la atención un extraño fenómeno pasajero, tan extraordinario que no podía creer lo que veían mis ojos: habían cambiado su posición durante la noche, ¡y los lados más largos eran ahora paralelos al bordillo! Entonces la solución vino a mi mente: aunque esta gloriosa mañana de verano parecía de lo más real, ¡estaba soñando!

Al darme cuenta de este hecho, la naturaleza del sueño cambió de una forma muy difícil de explicar a alguien que no haya tenido esta experiencia. Instantáneamente, la intensidad de la vida se incrementó cien veces. Nunca habían resplandecido el mar, el cielo y los árboles con una belleza tan encantadora; incluso las casas más corrientes parecían estar vivas y ser místicamente hermosas. Nunca me había sentido tan absolutamente bien, con tanta lucidez mental, tan divinamente poderoso, ¡tan inexpresablemente libre! La sensación duró sólo unos momentos, y entonces desperté. Como supe más tarde, mi control mental había sido vencido por mis emociones, de modo que mi cansado cuerpo hizo valer su protesta y me hizo regresar. Porque, aunque yo no me di cuenta de ello en aquel momento, creo que esta primera experiencia fue una auténtica proyección y que yo me encontraba funcionando fuera de mi vehículo físico. Por qué, cuando todo lo demás era tan normal, cambió la posición de los adoquines en mi consciencia, no lo puedo explicar. Estas cosas suceden en el extraño mundo astral que forma el telón de fondo para estas aventuras, aparentemente objetivas, fuera del cuerpo, y el experimentador es muy afortunado de que sucedan. Siempre me he lamentado de no haberme fijado si los adoquines recuperaron su posición correcta antes de que el sueño llegase a su fin.

Aunque en aquella época yo no sabía que la proyección fuese posible, me alegró muchísimo descubrir que en un sueño uno podía adquirir, mediante la observación de alguna incongruencia o un anacronismo, el conocimiento de que estaba soñando. El subsiguiente cambio en la naturaleza del sueño, y el hecho de que éste no terminara inmediatamente, colocaba a este descubrimiento en una categoría muy distinta al método de escapar de una pesadilla que he mencionado en el capítulo anterior. Más aún, me conducía hacia esta emocionante pregunta: ¿Era posible prolongar el sueño mediante el ejercicio del poder de la voluntad? Y yo me imaginaba libre como el viento, seguro en la consciencia de mi verdadero estado y en el conocimiento de que siempre podría despertar si el peligro amenazaba, moviéndome como un pequeño dios a través del glorioso escenario del Mundo de los Sueños.

A este nuevo tipo de sueño lo llamé Sueño del Conocimiento; pues en él uno tenía el conocimiento de que realmente estaba soñando. Antes de irme a dormir debía imprimir en mi mente el deseo de no permitir que esta importante facultad permaneciese inactiva; debía mantenerse despierta, lista para precipitarse sobre cualquier incongruencia en el sueño y reconocerla como tal. Suena simple, pero en la práctica encontré que es una de las cosas más difíciles que uno pueda imaginar.

Cien veces pasaba yo (y todavía lo hago) delante de las más evidentes incongruencias, y luego, finalmente, alguna anomalía me decía que estaba soñando; y este conocimiento siempre traía consigo, al menos hasta cierto punto, el cambio que ya he descrito. Pero descubrí que, aunque yo pudiese saber que estaba soñando, había grados de conciencia de esto, y la experiencia era proporcionalmente más vívida o más perfecta al grado de consciencia que se manifestaba en el sueño. Para conseguir mejores resultados debía conocerlo todo acerca de la vida anterior de mi ser terrenal, tal como hace uno en la vida real, para darme cuenta de que mi cuerpo estaba dormido, y para apreciar los amplios poderes que estaban a mis órdenes en este estado aparentemente fuera del cuerpo.

Para lograr el Sueño del Conocimiento debemos despertar la facultad crítica que parece estar, en gran parte, inoperativa en los sueños, y aquí se manifiestan también grados de actividad. Supongamos, por ejemplo, que en mi sueño estoy en un café. En una mesa cercana a la mía hay una dama que sería muy atractiva si no fuese porque tiene cuatro ojos. He aquí algunas ilustraciones de estos grados de actividad de la facultad crítica:

1. En el sueño está prácticamente dormida, pero al despertar tengo la sensación de que esta dama tenía algo peculiar. De repente, lo tengo: «¡Claro, por supuesto, tenía cuatro ojos!»

2. En el sueño muestro una ligera sorpresa y digo: «¡Qué curioso, esta chica tiene cuatro ojos! Eso la estropea». Pero sólo de la misma manera que podría comentar, «¡Qué pena que tenga la nariz rota! Me pregunto cómo se lo habrá hecho».

3. La facultad crítica está más despierta y los cuatro ojos son considerados algo anormal; pero el fenómeno no es apreciado del todo.

Exclamo, «¡Dios mío!» y luego me tranquilizo agregando, «Debe haber una galería de monstruos o un circo en la ciudad». Por consiguiente, estoy a punto de darme cuenta, pero no llego hasta ahí.

4. Mi facultad crítica está ahora totalmente despierta y se niega a satisfacerse con esta explicación. Sigo mi tren de pensamiento, «¡Pero si nunca ha habido una anormalidad así! Una mujer adulta con cuatro ojos, eso es imposible. Debo estar soñando».

Espero no haber elaborado este punto con nimiedad; pero he descubierto, para mi sorpresa, que algunas personas son incapaces de captar esta idea del Sueño del Conocimiento, que es en realidad un nuevo nivel de consciencia y distinto a los estados experimentados en los sueños corrientes y en el estado de vigilia. Objetan, «Pero, después de todo, es sólo un sueño. ¿Cómo puede un sueño ser algo más?» Y su expresión muestra con elocuencia la duda que son demasiado educados para expresar.

Bueno, para resumir, descubrí que en estos Sueños del Conocimiento se abrían nuevos métodos de locomoción ante mí. Podía deslizarme sobre la superficie del suelo, atravesar paredes aparentemente sólidas, etc. a una gran velocidad, o levitar hasta una altura aproximada de unos cien pies, y luego deslizarme. Volveré a estos métodos más adelante.

También era capaz de realizar unos pequeños trucos intrigantes a voluntad, como mover objetos sin un contacto visible, y moldear nuevas formas en la materia plástica; pero en estos primeros experimentos podía permanecer fuera del cuerpo únicamente durante un tiempo muy breve, y esta consciencia del sueño tan especial sólo podía adquirirse a intervalos de varias semanas. Para empezar, mi progreso era muy lento; pero en poco tiempo hice dos nuevos descubrimientos:

l. El esfuerzo mental de prolongar el sueño me producía un dolor de cabeza (leve al principio, pero aumentaba rápidamente su intensidad) y sabía instintivamente que esto era un aviso para que no resistiese durante más tiempo la llamada de mi cuerpo.

2. En los últimos momentos de la prolongación del sueño, y mientras yo era objeto de este dolor, experimenté una sensación de lo más curiosa, como de una consciencia dual. Podía sentirme en el sueño y

ver el escenario; pero, al mismo tiempo, podía sentir que estaba acostado sobre mi cama y ver mi dormitorio. A medida que la llamada del cuerpo se hacía más fuerte, el escenario del sueño se iba desvaneciendo cada vez más; pero al mantener mi voluntad de seguir soñando podía hacer que la habitación se borrara y que el escenario del sueño recuperara su aparente solidez.

En esta etapa de mi investigación, surgió un nuevo interrogante: ¿Qué sucedería si yo ignoraba la advertencia del dolor y luchaba hasta llegar a un clímax? A decir verdad, yo tenía un miedo terrible de realizar el experimento, pero un sentido de destino me impulsaba a continuar. Aproximadamente un año después del sueño de los adoquines, reuní coraje, corrí el riesgo, gané la batalla y viví una aventura que nunca olvidaré.

Soñé que estaba caminando junto a las aguas de la Costa Oeste. Era de mañana, el cielo era de un azul pálido, las espumosas olas lucían verdes bajo el sol. He olvidado cómo sucedió exactamente, pero algo me dijo que estaba soñando. Quizás caminé a través de un poste de telégrafo, o me di cuenta de que mi cuerpo no tenía peso. Decidí prolongar el sueño y continué caminando; el escenario era ahora extraordinariamente vívido y claro. Muy pronto, mi cuerpo empezó a obligarme a regresar. Experimenté la consciencia dual: podía sentir que estaba acostado sobre la cama y que caminaba junto al mar, todo al mismo tiempo. Más aún, podía ver vagamente los objetos de mi habitación, así como el escenario del sueño. Yo deseaba continuar soñando. Se estableció una batalla: ahora mi habitación era claramente visible y la escena de la playa era borrosa; luego mi habitación se tornaba confusa y la escena de la playa más intensa. Mi voluntad triunfó. Perdí la sensación de consciencia dual. Mi habitación desapareció de mi visión y yo me encontraba en la playa, sintiéndome indescriptiblemente libre y eufórico. Al poco rato mi cuerpo comenzó a llamarme otra vez y, simultáneamente, noté un dolor agudo y neurálgico en mi frente (no mi frente física) y en la parte superior de mi cabeza. Como yo deseaba con fuerza continuar soñando, este dolor aumentó su intensidad, pero esta vez no hubo consciencia dual, ni una claridad alternante del dormitorio y la playa; la habitación no era visible. Luché contra mi cuerpo manteniendo mi voluntad de permanecer en el

Mundo de los Sueños. El dolor de mi frente aumentó gradualmente, llegó a un punto máximo, y luego, para mi satisfacción, cesó de repente. Al desaparecer el dolor, algo pareció hacer «click» en mi cerebro. Yo había ganado la batalla. Mi cuerpo ya no tiraba de mí, y yo era libre.

Continué caminando, disfrutando de la belleza de la mañana y de mi sensación de libertad. No me topé con nadie, lo cual no era de sorprender, ya que pocas personas paseaban así tan temprano por la mañana. Cuánto tiempo transcurrió, no lo sé; el tiempo es la cosa más desconcertante en el Mundo de los Sueños, pero al poco rato se me ocurrió que debía regresar a mi cuerpo. Debía estar en la universidad a las, nueve, y no tenía ni idea de cuál era la hora terrenal, sólo que probablemente era la mañana. Por ende, deseé con fuerza terminar el sueño y despertar. Para mi sorpresa, no ocurrió nada. Era como si un hombre que estaba realmente despierto deseara con fuerza despertar. Me parecía que no podía estar más despierto de lo que estaba.

Mi razón me dijo que la aparente solidez de la playa y de las olas iluminadas por el sol no eran la tierra y el mar físicos; que mi cuerpo estaba acostado sobre la cama, a media milla de distancia en Forest View; pero yo no podía sentir la verdad de esto. Yo parecía estar completamente desconectado de mi cuerpo físico. En ese momento noté que un hombre y un niño se me acercaban. Al pasar junto a mí, hablaban entre ellos; no parecieron verme, pero yo no estaba muy seguro de ello. Un momento más tarde, sin embargo, cuando me encontré con otro hombre y le pregunté la hora, éste no notó nada y era evidente que no era consciente de mi presencia. Entonces me pregunté si no estaría yo «muerto». Peor aún, ¡si no estaría en peligro de ser enterrado prematuramente! ¿Cuál era la hora real, la hora verdadera en la Tierra? ¿Cuánto tiempo había durado este sueño?

Empecé a sentirme terriblemente solo. Esta experiencia era bastante nueva para mí: antes siempre había sido capaz de despertar cuando me proponía desearlo con fuerza; de hecho, el problema había sido que despertaba con demasiada facilidad. Ahora tenía miedo, y me resultaba difícil mantener el control y no caer en un estado de pánico. Deseé desesperadamente despertar, una y otra vez, hasta que llegué al punto de intensidad más alto. Algo pareció romperse. Una vez más, tuve la extraña sensación de un «click» en mi cerebro. Ahora estaba despierto, sí, ¡pero completamente paralizado! No podía abrir los ojos. No podía hablar. No podía mover ni un músculo. Tenía una ligera sensación de que la luz del sol brillaba sobre mis párpados, y podía oír claramente el tic-tac del reloj y a mi abuelo moviéndose en la habitación adyacente.

Ahora, a pesar de que mi posición era suficientemente desagradable, no me sentí tan asustado como lo había estado cuando me encontraba fuera del cuerpo. Me pareció imperativo permanecer lo más tranquilo posible. Con esta finalidad, repetí mentalmente el Teorema del Binomio y otras fórmulas matemáticas. Luego me concentré en desear fuertemente mover todo mi cuerpo. El resultado fue un fracaso absoluto. Ahora me sentía más asustado, pero logré mantenerme razonablemente tranquilo. Luego tuve una, inspiración: pondría toda mi energía mental en levantar únicamente mí dedo meñique. Lo conseguí. Le siguieron el tercer dedo y el dedo medio. Después fui capaz de mover toda la mano derecha. A continuación logré levantar mi brazo por encima de mi cabeza y coger la baranda de mi cama. Seguía estando ciego, y el resto de mi cuerpo parecía estar hecho de hierro. Deseando con fuerza y tenacidad levantarme, tiré y tiré de la baranda de la cama. Al principio sin éxito, y luego, casi de inmediato, el trance se rompió. En un instante mis ojos estaban abiertos a la luz y mi cuerpo se había incorporado. Salté de la cama alegremente, pero me tambaleé y tuve que apoyarme contra la columna. Durante unos instantes fui víctima de un mareo terrible y creí que me desmayaría, pero me recuperé con rapidez. Eran las ocho en punto, de modo que tuve que darme prisa para llegar a la Universidad a tiempo. Me sentí bastante mal y muy deprimido durante el resto del día, aunque sin molestias serias. Pasaron aproximadamente tres días antes de que recuperara del todo mi salud y el ánimo.

Ésta fue mi primera experiencia de ese estado de trance profundo en el cual el cuerpo parece estar, para el experimentador, en un estado cataléptico. La forma en que esto fue superado (levantando primero el dedo meñique, etc.) puede haber sido una ilusión; por ejemplo, podría ser que no hubiera habido movimientos del cuerpo físico antes de que se interrumpiera el trance, aunque el hecho de que me encontrara a mí mismo sentado habla a favor de la realidad física de los medios por los cuales el trance llegó a su fin. No existe ninguna prueba de una forma o de la otra en este caso, ya que nadie más que el experimentador estaba ahí para observar lo que realmente sucedió.

Durante un tiempo este susto tuvo el efecto de hacerme recobrar el juicio, pero luego la temeridad de la juventud irrumpió una vez más. Sin embargo, quizás se tratase de la necesidad del investigador, y no del místico aventurero que había en mí, la que me hacía repetir mi experimento de ignorar la llamada del cuerpo. Se me debe hacer una concesión por mi edad, pero yo creía que había tropezado con algo realmente importante y quería confirmar mis resultados.

Mediante la prolongación de un sueño (cuyos detalles no recuerdo) desafiando al aviso del dolor, experimenté una vez más una gran dificultad para abandonar el sueño y despertar. De nuevo me encontré en un estado que se asemejaba a la catalepsia y tuve que recurrir a los métodos que ya he descrito. Esta vez, sin embargo, cuando hube logrado levantar un brazo se interrumpió el trance. Experimenté unos ligeros mareos y sentí los efectos, fatiga y depresión, durante el resto del día. Una característica inusual fue que todo recuerdo de los detalles del sueño se perdió en la tensión de interrumpir el trance.

Esta experiencia fue, ciertamente, menos severa que la que relaté primero, pero lo suficientemente desagradable como para disuadirme durante varios años de volver a correr semejante riesgo. Había experimentado este trance cataléptico dos veces en pocas semanas y sentí que estaba «jugando con fuego». Temía un fallo cardíaco, un entierro prematuro, o la posibilidad de obsesionarme. Y, por supuesto, estaba enamorado y la vida me parecía dulce. De modo que, durante muchos meses, en mis nuevos experimentos de prolongación de los sueños siempre consideré que el dolor en mi frente era un aviso directo para regresar a mi cuerpo. Tan pronto como lo sentía, deseaba con fuerza alejarme del sueño, y no tenía ninguna dificultad en despertar.

La catalepsia puede ser producida por la hipnosis, y es muy probable que mis síntomas fuesen, en realidad, físicos y no una mera ilusión del estado de trance; pero ahora sé que no tenía necesidad de pasar por esa dolorosa lucha para interrumpir ese estado. Si sólo hubiese tranquilizado mi mente y me hubiese dormido otra vez, mi cuerpo se habría encontrado normal al despertar. He comprobado esto en diversas ocasiones y puedo recomendarlo como el mejor camino a tomar a cualquier lector que se pudiera encontrar, quizás por accidente, en este estado, ya que la tensión mental y la tendencia a sentir pánico pueden ser nefastas para un corazón débil.

Mi temor a un entierro prematuro tampoco tenía ninguna base, porque como yo no había recibido atención médica desde hacía casi un año, hubiese sido necesaria una autopsia y lo más probable es que el trance hubiese sido disipado por el bisturí del médico antes de que el cuerpo sufriese un daño importante.

No obstante, podría existir un serio riesgo de entierro prematuro en los casos en los que no hubiese una indagación, si la condición cataléptica resultase ser de una gravedad excepcional.

CAPÍTULO CUARTO

El falso despertar y el estado de trance

SUSPIRO POR LOS DÍAS en que era joven y estudiante de mi querido y viejo Hartley. ¡Días maravillosos! ¡Qué rápido pasaron los tres años! Mis intereses eran tantos y tan variados. En aquel período mágico de mi juventud, incluso este viejo y corriente mundo nuestro parecía fascinante y lleno de promesas de aventuras; y (sonríe si quieres) en lo más recóndito de mi mente estaba siempre el delicioso pensamiento, mantenido más o menos en secreto, de que yo era realmente distinto a los demás hombres. Yo era una especie de pionero celestial, un explorador del vasto, oculto y trascendente reino del Espíritu, y, quizás, destinado a hacer algún gran descubrimiento para el beneficio perdurable de la humanidad.

Sin embargo, debe tomarse nota de que este pionero desperdició sus escasas oportunidades de investigación de muy mala manera. Era tan difícil mantener el papel de observador impersonal en este extraño Mundo de los Sueños, darme cuenta de que si permitía que mis emociones acabaran con mi control mental el sueño llegaría a un abrupto fin. Yo entraba en un restaurante y pedía una comida, sólo para despertar después de haber saboreado los primeros bocados. De hecho, ver cuánto es uno capaz de comer, sin prestar atención al sabor, sería un muy buen ejercicio de control mental, si estos Sueños del Conocimiento fuesen más fáciles de obtener; pero, tal como son las cosas, existen mejores maneras de pasar el tiempo en un sueño, y yo no lo recomiendo. De manera similar, yo visitaba un teatro, pero nunca podía permanecer en el sueño más que unos pocos minutos después de que se hubiera levantado el telón, porque mi creciente interés en el juego acababa con mi control mental de la experiencia. Me encontraba con una dama fascinante e incluso hablaba con ella durante un breve momento, pero el mero pensamiento de un posible abrazo era fatal. Por supuesto, yo siempre encontraba alguna excusa para mis repetidos fracasos; simplemente estaba adquiriendo experiencia en el control. Fui muy lento para aprender que el lema para los proyeccionistas debería ser: «Puedo mirar, pero no debo interesarme demasiado, ¡y mucho menos tocar!»

Un compañero de estudios llamado Barrow, cuyo padre era Teosofista, atrajo mi atención sobre el tema de la Teosofía; pero antes de esto, yo me había topado con algunas referencias en Light, en relación a la reencarnación. Leí varios manuales elementales y quedé muy impresionado con la semejanza entre mis «sueños celestiales» y el plano astral de la Teosofía. Asimismo, Annie Besant realizó una visita a Southampton, pronunciando una conferencia en el Philarmonic Hall, y pronto sucumbí al encanto de su oratoria. Pero a pesar de hallar una riqueza de nuevas y fascinantes ideas en mi mente en mis estudios Teosóficos, no pude encontrar nada de uso práctico para mi investigación sobre los sueños, ni encontrar ninguna mención a este sueño peculiar en el cual uno tiene el conocimiento de estar soñando. Creo, más bien, que sólo se insinuaba que los Maestros y los Adeptos muy altos eran capaces de abandonar sus cuerpos a voluntad, pero no se concedía ninguna información en relación a sus métodos, ni se animaba a uno a suponer que tal cosa fuese posible para la gente corriente.

Un día, Barrow me dijo:

—¡¿Crees en la astrología?!

—¡No! –repliqué–, son tonterías. Una ciencia desacreditada.

—¡¿Cómo sabes que lo es?! –insistió–. ¿Has leído alguna vez un libro sobre el tema? ¿Sabes hacer un horóscopo?

—¡No!, pero los científicos dicen que no hay nada en ella –protesté de una forma un tanto débil.

—¡Sí!, porque son demasiado estrechos de mente como para investigar. Dirían lo mismo de la Teosofía o de tu adorada investigación sobre los sueños.

Lo cual me decidió a averiguarlo por mí mismo. De modo que nos familiarizamos con las obras de Raphael, Zadkiel, Sepharial y del benevolente Alan Leo de los ojos vivaces (el «gran» pequeño hombre que sobresalió de entre los demás). Y encontramos que la astrología sí funcionaba, aunque desconocíamos porqué estaba más allá de nuestra comprensión. Pero cuando todo nuestro conocimiento es relativo, es absurdo preocuparse demasiado acerca de los «porqués». Así, un nuevo interés llegó a mi vida y ha durado incluso hasta el día de hoy.

Antes de dejar este tema, me gustaría agregar que, para información de cualquier lector astrológico, yo nací a las 9,10 de la mañana, el 30 de noviembre de 1885, en Southampton. Mis experiencias de proyección quizás estén indicadas por el signo de doble cuerpo, Sagitario, elevándose con el Sol ahí mismo. También una movediza triple conjunción de Júpiter, Hershel y la Luna ocupa la Casa Nueve (la casa de la religión, la filosofía, la ciencia y los viajes largos) y la Luna en Virgo está en trígono con Neptuno, planeta del trance, en la Casa Cinco.

Dos experimentos aislados pueden anotarse aquí:

En la víspera de un examen sobre construcción de máquinas, tuve la fuerte voluntad de ver el papel que nos pondrían. Soñé que estaba examinándome y, sabiendo que estaba soñando, intenté memorizar las preguntas del papel. Al despertar, recordaba dos: (1) Dibuje y describa alguna forma de separador de vapor. (2) Dibuje una caja de grasa apropiada para un camión de mercancías. Al día siguiente, cuando realmente tomé el examen, encontré ambas preguntas en el papel. No aparecían como preguntas completas por sí solas, sino como una sección de otras. La primera era una pregunta probable, pero una revisión de exámenes anteriores demostró que la segunda pregunta no había sido formulada desde hacía muchos años. Pude haber tomado más detalles del examen, de no haber sido por el hecho de que en un Sueño del Conocimiento leer es un asunto muy difícil. La impresión parece suficientemente clara hasta que uno intenta leerla; entonces las letras se tornan borrosas, o se juntan, o desaparecen, o se convierten en otras.

Cada línea, o en algunos casos cada palabra, debe retenerse mediante un esfuerzo de la voluntad hasta que su significado ha sido captado. Luego es dejada (con lo cual desaparece o cambia) y la siguiente es retenida, y así sucesivamente. Otras personas me han contado que encuentran la misma dificultad al leer literatura de los sueños; pero aún no he visto ninguna teoría realmente satisfactoria que lo explique. Es altamente improbable que yo hubiese podido repetir este logro, pero no lo intenté, pues después de realizar el experimento tuve la incómoda sensación de que no estaba jugando limpio. Es cierto que otras personas tenían la libertad de hacer lo mismo, pero yo sabía que nunca se les ocurriría intentarlo.

El otro experimento fue como sigue:

Yo había pasado la tarde con dos amigos, Slade y Elkington, y nuestra conversación se había decantado hacia el tema de los sueños. Antes de partir, acordamos encontrarnos, a ser posible, en Southampton Common en nuestros sueños de esa misma noche. Yo soñé que estaba con Elkington en el Common, tal y como habíamos acordado, pero Slade no se presentó. Ambos sabíamos que era un sueño y comentamos la ausencia de Slade. Después el sueño terminó, siendo de una duración muy corta. Al día siguiente, cuando vi a Elkington, al principio no le conté absolutamente nada de mi experiencia, pero le pregunté si había soñado. «Sí», replicó, «me encontré contigo en Common y supe que estaba soñando, pero el viejo Slade no apareció. Sólo tuvimos tiempo de saludarnos y comentar su ausencia, luego el sueño terminó». Al entrevistar a Slade nos enteramos de que no había soñado nada, lo cual quizás explicaba su incapacidad de acudir a la cita.

Algunas personas han presentado esta objeción: «Oh, bueno, tú esperabas encontrarte con tu amigo, de modo que soñaste que lo hacías. Eso es todo». Pero si la expectativa es explicar la experiencia, entonces yo esperaba encontrarme con Elkington y Slade, mientras que Elkington esperaba encontrarse con Slade y conmigo. ¿Cómo es posible, entonces, que la expectativa nos fallara a ambos en relación a Slade? ¿Por qué faltó?

¿Cómo es que la expectativa falló en hacerlo soñar que se encontraba con nosotros? Elkington y yo fuimos incapaces de repetir este pequeño éxito. Todo el asunto está erizado de dificultades; pero creo que es un hecho muy poco frecuente que dos personas compartan aparentemente la misma experiencia onírica y que ambos la recuerden al despertar.

Mis siguientes descubrimientos fueron el Falso Despertar y el Estado de Trance; este último siendo realmente mucho más leve que el estado cataléptico que ya he descrito y convirtiéndose en él si el trance se torna más profundo, como lo demostrarían experiencias posteriores.

A veces, después de un Sueño del Conocimiento, y con menos frecuencia después de un sueño no recordado, yo parecía despertar y permanecía bajo la impresión de estar despierto, y luego algún hecho anormal me demostraba que me encontraba en un estado de trance.

Ahora daré tres ejemplos de mis archivos:

1. Salí de sueños que no recordaba y pensé que ya me había despertado. Era todavía de noche y mi habitación estaba muy oscura. Aunque me parecía estar despierto, me sentía curiosamente poco inclinado a moverme. La atmósfera parecía distinta, como si estuviese «tensa». Yo tenía la sensación de que estaban trabajando unos poderes invisibles, intangibles, los cuales provocaban esta sensación de estrés aéreo. Me puse a la expectativa. Ciertamente que algo estaba a punto de suceder. De repente, la habitación se iluminó suavemente. Un suave resplandor verdoso, que sugería fosforescencia, emanaba de un armario japonés con puertas de cristal que había junto a mi cama. Desde esta fuente se extendía lentamente y de forma pareja, como un gas luminoso; una luz fría y espectral, de una brillantez invariable. Durante un rato permanecí inmóvil, mirándola. No sentí miedo, pero estaba maravillado. Luego, deseando observar más de cerca la fuente de esta misteriosa luz, realicé el esfuerzo de superar mi extraña inclinación a no moverme. Al instante, la luz desapareció y las cosas volvieron a ser normales. Ahora estaba realmente despierto, con la cabeza a medio levantar de la almohada.

Nota: Yo no lo sabía, pero podría haber abandonado mi cuerpo con bastante facilidad (mediante el método de la proyección instantánea) cuando me encontraba en este estado, como resultará obvio más adelante. El resplandor, aunque era bastante real en su propio plano, era, desde el punto de vista físico, una ilusión.

2. Mi amigo Barrow había acordado conmigo que intentaría precipitar su vehículo astral mientras dormía, y aparecer ante mí en mi habitación. Mi experiencia fue la siguiente:

Soñé que estaba en el salón principal de Hartley University College y que ahí encontraba a mi madre. Este encuentro me sorprendió, pues yo sabía muy bien que estaba soñando, aunque no podría decir cómo lo sabía. Le dije que esperaba una visita astral de Barrow y que debía regresar a mi habitación para esperar su llegada. Al instante, fui atrapado por una especie de corriente invisible, y devuelto a mi cuerpo. Desperté (al menos, me encontraba sin duda bajo la impresión de estar despierto) y me sentí muy contrariado por esta interrupción abrupta del experimento. .

«Si tan sólo hubiese conseguido permanecer en el sueño» pensé, «podría haber esperado aquí (en el equivalente astral de mi habitación) y haberme encontrado con él si venía; pero ahora, incluso si viene, como estoy despierto no podré verlo, pues no soy clarividente».

Llegado este punto, me di cuenta de dos cosas: (1) Un cambio repentino casi indescriptible había sido efectuado en la atmósfera, la cual parecía estar cargada de expectación (la sensación de «antes de la tormenta» intensificada) y enrarecida, o quizás comprimida. Me parecía que la atmósfera estaba siendo tensionada por obra de alguna fuerza desconocida. (2) Que la puerta de mi habitación, que había permanecido cerrada, estaba ahora entreabierta y una débil luz dorada se filtraba por la abertura.

Apenas tuve tiempo de notar estas cosas y luego, literalmente en un relámpago, apareció mi amigo. No entró por la puerta. Apareció instantáneamente, dentro de una nube con la forma de un huevo de una intensa luz de un blanco azulado, y permaneció junto a mi cama, contemplándome con seriedad. Estaba vestido con una túnica blanca (probablemente su pijama). A medida que mis ojos se fueron recuperando del efecto deslumbrador de su súbita aparición, vi que dentro del ovoide blanco azulado que lo rodeaba habían tiras de color (rojo intenso, rosa rojizo, violeta, azul, verde mar y naranja pálido). A excepción de lo que acabo de mencionar, no puedo recordar el orden en el cual se distribuían; pero el naranja pálido estaba concentrado alrededor de la cabeza, disparando hacia arriba un rayo cónico que se ensanchaba hasta llegar al techo. Mientras permanecía ahí acostado (en el lado izquierdo de mi cama doble) mirándolo, me sentí paralizado; no con miedo, sino con perplejidad y admiración. Él no habló, pero yo sentí que me estaba diciendo mentalmente que no tuviese miedo. Debe recordarse que todo esto sucedió en uno o dos minutos; luego, incluso mientras me esforzaba por romper la extraña inercia que me poseía y por hablar con él, desapareció con la misma rapidez con la que había llegado.

Una vez más, y en apariencia completamente despierto, permanecí acostado en la oscuridad, pero antes de que mi sorpresa ante su abrupta desaparición se hubiese esfumado, un fenómeno nuevo llamó mi atención. En el aire, sobre los pies de mi cama apareció un círculo de luz amarilla, como proyectada por una linterna mágica, y en ella había tres figuras (un hombre y dos mujeres) que representaban el drama de la descripción del «triángulo eterno». Estas figuras tenían una altura aproximada de tres pies; las ropas eran modernas y la coloración perfecta; pero no puedo recordar qué fondo había. Yo no era capaz de oír realmente sus palabras, pero sabía mentalmente lo que se estaba diciendo. Esta obra pareció durar varios minutos, y las consideraciones de espacio me impiden ofrecer un relato más detallado. Terminó para mí cuando una mujer apuñaló a la otra. Oí mentalmente el grito de la víctima y la conmoción que me produjo interrumpió el trance. La escena se desvaneció al instante y yo permanecí acostado, realmente despierto ahora, mirando a la oscuridad.

Nota: La experiencia onírica de Barrow resultó ser decepcionante. El no recordaba haber estado en mi habitación, pero lo que sí recordaba era haberse encontrado al pie de los Forty Steps, que están a sólo dos minutos andando desde mi casa. Tuvo también muchos otros sueños, pero no recordaba ninguno de ellos. Originalmente habíamos decidido encontrarnos (en nuestros sueños) en el vestíbulo de Hartley, pero abandonamos esa idea en beneficio del intento de proyección astral de mi amigo. En la primera etapa de mi sueño yo estaba, evidentemente, ciñéndome a nuestro plan original, y tengo pocas dudas de que esto fuera una verdadera proyección por mi parte.

Desde un punto de vista científico, la puerta entreabierta, la aparición de Barrow y la obra teatral podrían considerarse ilusiones experimentadas durante el Estado de Trance; es decir, que estos fenómenos no tenían existencia en el plano físico de la vida de vigilia. Desde el punto de vista de lo oculto, sin embargo, la aparición de Barrow, encerrado en el huevo áurico, puede haber sido un hecho, tan real en su plano de manifestación como cualquier fenómeno físico lo es en la Tierra. Los ocultistas están de acuerdo en señalar que la ausencia de recuerdos por su parte no afecta a la autenticidad de la proyección, mientras que la presencia del aura bien definida apoya esto y se halla en oposición a la teoría de que yo vi únicamente una forma de pensamiento de mi creación. En aquellos días mi idea del aura resulta muy vaga y, ciertamente, yo no lo hubiese imaginado en la forma en que apareció.

Podría recalcarse que Barrow era una persona intelectual, probablemente un alma altamente evolucionada, y ese color amarillo denota el elemento Manásico, la mentalidad. No obstante, aunque podría tratarse simplemente de celos por mi parte, esta aura parece haber sido un poco demasiado espléndida, más de lo que uno esperaría encontrar en un Adepto. Y ahora, en interés de la ciencia, debo sugerir otra teoría más probable, pero bastante poco amable: que lo que yo vi no era el vehículo astral de Barrow, sino una forma de pensamiento que emanaba de él; pues en aquella época él me adelantaba en materia Teosófica y estaba bastante familiarizado con imágenes del aura. Debe comprenderse, por supuesto, que, incluso si esta teoría es cierta, no implica ningún engaño consciente por su parte.

La obra de teatro puede haber sido una creación de una parte de mi consciencia, siendo objetivada en el proceso, de manera que pareciese una cosa externa a la parte que observaba el fenómeno. Una vez más, puede haber sido una obra teatral astral, o incluso un fragmento de los Registros reflejados en la Luz Astral. No lo sé. Se ha mencionado un círculo luminoso similar en el Capítulo Primero.

3. Salí de un sueño no recordado para encontrarme aparentemente despierto en la oscuridad de mi habitación. En uno o dos minutos fui consciente del curioso cambio en la atmósfera que ya he descrito. El pensamiento de que algo inusual estaba a punto de suceder acudió a mí, pero yo no tenía ni idea de qué forma adquiriría esta esperada manifestación. Entonces, de una manera sorprendentemente repentina, un ovoide de color blanco azulado apareció a poca distancia de mi

cama, y en él había una figura aparentemente sólida que reconocí al instante. La aparición estaba vestida con una simple túnica blanca de intenso brillo, pero no se discernía ningún color astral. El rostro estaba dentro de las líneas de las representaciones ortodoxas de Cristo y era maravillosamente hermoso. Creo que el cabello y la barba eran de un marrón rojizo, y los ojos eran de un profundo azul oscuro. Su expresión era también ortodoxa, resulta apacible y triste. Debo admitir que esta visión me dejó pasmado, y su belleza parecía aumentar la parálisis que me afectaba. Después de una fracción de tiempo, logré superar esta incapacidad para moverme. Estiré una mano para tocar la figura, y ésta se esfumó inmediatamente. No se había pronunciado ninguna palabra. Ahora me encontraba despierto y encontré que tenía el cuerpo apoyado sobre un codo, a medio levantar de la cama; mi brazo izquierdo estaba todavía estirado.

Nota: Me he declarado culpable de ser una persona bastante vanidosa, pero incluso en aquella época no era lo suficientemente vanidoso como para creer que esta experiencia había sido realmente lo que parecía ser. Me han sugerido que algún Adepto, que pasó delante de mí por casualidad, notó mi estado de trance y asumió esta forma para acelerar el elemento piadoso en mí. Si ésta fuese la verdadera explicación, no puedo comprender por qué el Adepto no escogió una forma menos convencional. Demasiadas idas obligatorias a la iglesia y demasiada «educación religiosa» habían acabado exitosamente con cualquier interés que yo pudiese haber tenido en el Cristianismo. El concepto popular de Cristo seducía al poeta que hay en mí, pero no removía mis instintos religiosos; quizás porque me resultaba demasiado familiar. Si la forma asumida hubiese sido India o China, me hubiese impresionado más y hubiese estado más dispuesto a creer que esta aparición era realmente un visitante celestial de alto rango. Teniendo en consideración la ausencia de colores áuricos, los cuales uno ciertamente esperaría ver, creo que esta figura era tan solo una forma de pensamiento, aunque de una belleza y un poder excepcionales, que emana de alguna fuente desconocida. Fue no obstante, una experiencia notable e inolvidable.

La casa, que fue mi hogar en este período de mi vida, parecía estar habitada por un espíritu terrestre. Con frecuencia, durante la noche, o incluso a la luz del amanecer, yo solía oír pasos que subían y bajaban por la escalera, y a veces hacían la desagradable broma de detenerse frente a mi puerta (y esto era cuando ya estaba realmente despierto, y no en un Estado de Trance). Me rajé en varias oportunidades y luego, una noche, cuando el «fantasma» se detuvo de esta manera, salté de la cama y abrí la puerta de par en par en un santiamén. No pude ver nada, y debo admitir que me sentí más aliviado que decepcionado al volver a entrar.

En una ocasión, mi abuelo y yo oímos, ambos, estos pasos. Nos encontrábamos solos en la casa, pues nuestra ama de llaves nos había dejado una cena fría y había salido a visitar a una amiga. De modo que nos sentamos junto al fuego, leyendo en silencio. Entonces, oímos claramente unos pasos que descendían por las escaleras y pasaban por el pasillo hasta la cocina. Mi abuelo levantó la mirada de su libro con una ligera sorpresa.

—¡Pero bueno!, no sabía que Emma había regresado –exclamó–. ¿Lo sabías tú? Ha vuelto pronto esta noche.

—¡No!, no la he oído entrar –repliqué indiferente, pues los sonidos eran tan reales que él parecía estar simplemente constatando un hecho incuestionable.

Pero unos veinte minutos más tarde nos miramos el uno al otro con muda perplejidad mientras la llave abría la puerta principal. Era Emma, y nosotros habíamos estado solos en casa cuando oímos los pasos. La puerta trasera estaba cerrada con cerrojo, tal como ella la había dejado cuando salió.

A veces, cuando los pasos se detenían delante de mi habitación, oía un sonido como si alguien intentara hacer girar el tirador de la puerta, lo cual añadía un aire aterradora los actos; pero como esto sucedía invariablemente en la oscuridad, yo no podía constatar si el tirador se movía realmente. Pude eliminar a nuestro gato del problema, pues, como yo era el primero en bajar por la mañana, podía confirmar que él estaba aún encerrado en la cocina. Intenté aflojar la perilla de nuestro tirador, de modo que el más ligero movimiento la hiciera caer, pero, curiosamente, cada vez que yo hacía esto, aunque podía sentir los pasos, no oía que hicieran girar el tirador y la perilla seguía floja por la mañana. De manera que nunca llegué a resolver el misterio.

CAPÍTULO QUINTO

La proyección de Elsie

EN EL VERANO de 1905 tuve una novia a la que llamaré, «Elsie». Nuestros caminos en la vida estaban destinados a divergir y hace muchos años que no tengo noticias de ella. Pero si Elsie no ha hecho la última proyección y, por casualidad, lee estas líneas, sabrá que no la he olvidado. Y, realmente, no es necesario que añada que me haría muy feliz volver a tener noticias suyas.

Bueno, Elsie veía mi experimentación de una forma extremadamente desfavorable. Sentía que era algo perverso y que Dios estaría seriamente enfadado si yo persistía. De cualquier manera, no le gustaba a ella, ¡y eso era todo!

Entonces, yo, con toda la dolorosa seriedad de la juventud, le expliqué amablemente que ella no era más que una pequeña ignorante de miras estrechas y que no sabía de qué hablaba. ¿Acaso conocía siquiera el significado de la palabra proyección astral?

—¡Sí! –dijo Elsie con mucho énfasis–. ¡Lo sé! Sé más de lo que tú crees. Podría visitarte esta noche si quisiera.

Ante lo cual reí irrespetuosamente y sin moderación, pues ella sabía menos de ocultismo, teórico y práctico, que yo de costura. Elsie, y no se la puede culpar, perdió los nervios.

—¡Muy bien! –exclamó–. ¡Te lo demostraré! Es perverso, pero no me importa. Vendré a tu habitación esta noche y me verás ahí.

—De acuerdo –repliqué, sin sentirme impresionado en lo más mínimo–, ven si puedes.

Ahí acabó nuestra discusión y, poco después, me fui caminando hasta mi casa (que estaba a más de una milla de distancia de la de Elsie) y la olvidé inmediatamente al empezar a estudiar para mis exámenes. Me fui a dormir tarde y estaba muy cansado. Su alarde había sido tan infantil que no pensé para nada en él. En algún momento de la noche, cuando estaba todavía oscuro, desperté; pero fue un Falso Despertar. Podía oír el tic-tac del reloj y ver vagamente los objetos que había en la habitación. Permanecí acostado en el lado izquierdo de mi cama doble, con unos nervios estremecedores, esperando. Algo estaba a punto de suceder. Pero, ¿qué? Incluso en esos momentos, no pensé en Elsie.

De repente, apareció una nube con forma de huevo de una intensa luz blanca azulada. En medio de ella se encontraba Elsie, el pelo suelto, en camisón. Parecía perfectamente sólida, de pie junto a una cómoda que había cerca del lado derecho de mi cama. Así permaneció, mirándome con unos ojos tranquilos pero tristes, y pasando su mano por la parte superior y delantera de una caja que había sobre la cómoda. No habló.

Durante lo que parecieron ser unos segundos, no pude moverme ni pronunciar una palabra. Sentí otra vez la extraña parálisis que he mencionado anteriormente. Me llené de asombro y admiración, pero no tuve miedo de ella. Por último, rompí el hechizo. Apoyándome sobre un codo, la llamé por su nombre, y desapareció tan pronto como había llegado. Parecía que ahora estaba, ciertamente, despierto.

«Debo anotar la hora» pensé, pero una somnolencia irresistible me invadió. Caí sobre mi espalda y dormí sin soñar hasta la mañana.

La siguiente tarde nos encontramos y encontré a Elsie muy excitada y triunfante.

—¡Sí te visité! —me saludó—. Realmente lo hice. Me fui a dormir, deseando con fuerza hacerlo, y ¡en un momento me encontraba ahí! Esta mañana sabía exactamente cómo estaba todo en tu habitación, pero lo he ido olvidando a lo largo del día; se me ha estado escapando.

¡Oh, aquella mente tan poco científica! ¿Por qué no tomó apuntes? Bueno, a pesar de su impaciencia, yo no estaba dispuesto a contar lo que había visto hasta que ella me hubiera dicho todo lo que podía recordar. De modo que, aunque esta experiencia no podrá ser absolutamente convincente para ella o para nadie más, al menos lo fue para mí.

Ella me describió en detalle lo siguiente:

1. Las posiciones relativas de la puerta, la cama, la ventana, la chimenea, el lavabo, la cómoda y el tocador.

2. Que la ventana tenía varios cristales pequeños, en lugar de los cristales grandes más corrientes.

3. Que yo estaba acostado, con los ojos abiertos, en el lado izquierdo de una cama doble (nunca le había contado que era doble) y que parecía deslumbrado.

4. Un anticuado cojín para alfileres, un objeto poco habitual en la habitación de un hombre.

5. Una caja negra japonesa con unas figuras rojas en relieve.

6. Una caja sobre la cómoda, forrada en cuero, con el interior recubierto en dorado, con una chapa hundida en la parte superior para que entre el asa. Describió cómo pasaba los dedos por encima de un cordoncillo que sobresalía en la parte delantera de esta caja.

—¡Te equivocas en una sola cosa! –le dije más tarde–. Lo que tú creíste que era un cordoncillo era una línea dorada en el cuero. No hay ningún cordoncillo que sobresalga por ninguna parte.

—¡Sí lo hay! –afirmó Elsie–, te digo que lo sentí. –Pero, mi niña querida –protesté–, ¿no crees que yo conozco mi propia caja?

—¡¡Me da igual!! –replicó– Cuando vayas a casa mírala, y encontrarás un cordoncillo dorado en la parte delantera.

Hice lo que me aconsejó. La caja estaba colocada mirando a la pared, y la bisagra (que yo había olvidado) formaba un cordón continuo que sobresalía, tal como ella lo había descrito. Dada su posición, ella había confundido, naturalmente, la parte posterior de la caja con la parte delantera. Aunque estaba eufórica con su triunfo, ella continuaba manteniendo que estos experimentos eran «perversos» y nunca pude persuadirla de que volviera a aparecerse ante mí una vez más.

Estoy convencido de que Elsie, en carne y hueso, jamás había visto mi habitación, pues, como nunca había visitado mi casa, no podía haber echado un vistazo sin mi conocimiento, no podía haber obtenido una descripción de ningún amigo común. Estoy, también, bastante seguro de que yo no le había contado que tenía un cojín de alfileres, una caja japonesa y una caja de cuero. Quizás deba mencionar aquí que un relato de esta proyección fue publicado anónimamente en el Weekly Tale-Teller de julio de 1914.

La afirmación de Elsie de que mis ojos estaban abiertos plantea una interesante pregunta: ¿estaban realmente abiertos, o sólo se lo parecieron? Mis ojos físicos permanecían, ciertamente, cerrados durante mis experiencias catalépticas, ya que entonces estaba ciego, a no ser por la luz que penetraba a través de mis párpados. En los otros acontecimientos de trance que he descrito, me parecía que mis ojos estaban abiertos; pero, por razones que explicaré más adelante, ahora creo que mis ojos físicos seguían cerrados. De hecho, se abrieron en el momento en que se rompió el trance, de manera que me encontré mirando a la oscuridad. Probablemente Elsie vio los ojos abiertos de mi equivalente astral, o quizás etérico.

Nunca he dejado de estarle agradecido a mi querida Elsie por haber sido «perversa» aunque fuese sólo por una vez. La verdad sea dicha, aunque algunos de mis amigos fueron comprensivos, el mundo se negó a dejarse impresionar por mi gran descubrimiento, y a tomarlo en serio.

Cuando intenté publicarlo, un editor llegó a insinuar de un modo educado-desagradable que quizás estaba yo un poco loco. Por ende, en los años que vinieron a continuación, tuve mis períodos de reacción y de total escepticismo. Después de todo, ¿había algo en mi investigación? ¿No podrían ser mis aventuras fuera del cuerpo puramente subjetivas, mera imaginación o sueños? Pero siempre que me acordaba de la proyección de Elsie recuperaba el ánimo. Yo había descubierto algo de gran importancia, pero el momento aún no estaba maduro para dárselo al mundo. Yo sabía (y de hecho, todavía lo sé) que Elsie estuvo en mi habitación aquella noche en su espíritu, a pesar de que su cuerpo se encontraba en su cama a millas de distancia. Elsie tenía un alma o un espíritu, y eso significaba que yo también tenía una, y si yo tenía realmente un alma, bueno, entonces mi alma no estaba en mi cuerpo cuando yo me encontré «encerrado fuera» en la playa. Y si el alma podía abandonar el cuerpo mientras éste aún vivía, ¿no existían razones de más para suponer que el hombre poseía un espíritu inmortal? Quizás no era posible obtener pruebas fehacientes, pero esto hacía que todo este asunto (la cuestión de la inmortalidad y del alma y de Dios) fuese mucho más probable. Sí, debo continuar. ¡Oh, triplemente bendita Elsie! Nunca supiste cuánto hiciste por mí aquella noche.

En ese mismo verano de 1905, de una forma totalmente inconsciente, le di a Elsie un susto bastante desagradable. Ella despertó en una radiante mañana para encontrarme de pie, completamente vestido, pero sin sombrero, junto a su cama. Yo parecía tan sólido y real que ella no dudó en ningún momento que yo estuviese ahí en carne y hueso. Ella dormía con la ventana abierta de par en par, y creyó que yo estaba emulando a Romeo y que había escogido un momento singularmente inapropiado. Ella podía oír a su hermano silbando alegremente en la habitación colindante y a su madre subiendo las escaleras hacia la suya, para ver si ya se había levantado, como de costumbre. La pobre Elsie estaba en un estado terrible. Quería advertirme desesperadamente que estaban a punto de descubrirme, pero parecía estar paralizada y no podía moverse ni hablar. Yo me limité a permanecer ahí, sólido e impasible, muy serio y silencioso. Entonces, cuando el tirador de la puerta se giró, desaparecí y su madre entró. Estoy seguro de que Elsie me ofreció un relato veraz de cómo le parecieron las cosas, pero ella se encontraba, claramente, en un Estado de Trance. Verifiqué que yo hubiera estado durmiendo a esa hora, pero yo no tenía ningún recuerdo del suceso.

En ocasiones, después de un Falso Despertar, tenía la experiencia bastante aterradora de sentir una mano aparentemente sólida que me tocaba o me agarraba. Mientras yacía en la oscuridad, estaba convencido de la posición de mis manos (se encontraban debajo de las sábanas) y, sin embargo, una tercera mano me presionaba la frente. En una ocasión me rodearon unos brazos que parecían de acero y me apretaron hasta dejarme casi sin aliento. Finalmente conseguí gritar y, mientras el trance se rompía, vi una silueta de un blanco brumoso disolverse en la noche.

Una aparición de tipo no humano me impresionó especialmente; sin duda, el intrépido pionero pegó un grito que rompió el trance eficazmente. Mi visitante parecía una masa cónica de reluciente nieve y casi llegaba hasta el techo. No tenía rasgos, pero dos encendidos ojos azules completaban la imagen. Después de haber superado mi miedo, llegué a la conclusión de que esta extraña forma no era de naturaleza malévola y probablemente sólo tenía una existencia real en su plano de manifestación. Ahora pienso que pertenecía al Reino de los Devas, pero el lector es bienvenido a considerarlo una mera ilusión experimentada en el Estado de Trance.

También oí, cuando me encontraba en este estado, además de los sonidos físicos: sonidos de un chisporroteo que sugerían un fenómeno eléctrico; ruidos de estruendo y de runrun, como de máquinas gigantescas; un peculiar chasquido, que recordaba a las correas de transmisión que se utilizan para transmitir energía en un taller; sonidos como el surgir de un mar furioso y de fuertes vientos; y, a veces, voces que llamaban. Algunos de estos sonidos pueden haber sido causados por variaciones en la presión de la sangre, pero no creo que todos ellos puedan explicarse de este modo.

Al final de mis días de Universidad, los resultados de mi investigación pueden resumirse de la siguiente manera:

1. El Sueño del Conocimiento y los peculiares poderes existentes ahí.
2. Consciencia Dual
3. El Dolor como Advertencia
4. El Estado Cataléptico
5. El Falso Despertar
6. El Estado de Trance y las apariciones, sonidos y otros fenómenos asociados ahí.

De manera que, adiós a Forest View y a aquella casa cercana a la muralla romana. Southampton ha cambiado y ahora está casi irreconocible. La Costa Oeste se ha convertido en una extensión de fábricas y enormes muelles; pero la vieja torre gris permanece como un centinela gastado por el tiempo junto a los Forty Steps mientras, en la distancia, la poderosa silueta garbosa del Queen Mary pasa lentamente. Sólo en la pantalla de los Archivos Eternos continuarán reluciendo las aguas de la Bahía de Bletchingden bajo el sol; y ahí, un joven sentimental, encerrado fuera de su sueño, todavía pasea junto a ellas.

CAPÍTULO SEXTO

Sueño de conocimiento no esencial: otro método

CUANDO PLANIFIQUÉ este libro, decidí limitarme al tema de la Proyección Astral y a hacer alguna referencia, cuando fuese necesario, a mis investigaciones en otras ramas del ocultismo. Parecía deseable excluir, también, todo material autobiográfico que tuviese poco que ver directamente con mi tema. No obstante, aunque no sea más que para explicar por qué mi proceso fue tan lento, una narración muy breve de mis actividades informales es, creo, permisible, y proporcionará una especie de telón de fondo para esta narración.

Cuando finalicé mi curso de tres años, yo había llegado a la conclusión de que no me gustaba el aspecto de las sucias prácticas generales de la ingeniería, pero que me agradaba mucho la labor de investigación en el laboratorio. Lo que parecía ser un trabajo seguro en estas líneas fracasó en el último momento y no apareció otro. De modo que, muy a pesar de mi abuelo, hice las maletas y me uní a una compañía de teatro de décima categoría, lo cual fue muy divertido. También me dediqué un poco al trabajo de investigación, acerca de las variaciones en la consciencia resultantes de la absorción de diferentes bebidas alcohólicas. Cuando me hice mayor de edad, me encontré con casi 300 libras, los, restos de una herencia que podría haber sido cómoda si no hubiesen sucedido cosas como la crisis del Liberator. Sin embargo, a mí me pareció una fortuna; de modo que abandoné el mundo del teatro y rápidamente encontré una esposa, lo cual es quizás lo más sabio que he hecho en mi vida. A continuación tuve dos aventuras sin éxito en el mundo de los negocios y luego decidí que sería escritor. Y finalmente lo fui (de algún tipo) y llevé una existencia deliciosamente ociosa, pero muy precaria como escritor de historias para revistas, hasta el cataclismo de la Gran Guerra.

Ahora resultará evidente el por qué mi entusiasmo por la investigación de los sueños disminuyó hasta casi extinguirse durante los primeros años después de Hartley. Es cierto que continué teniendo experiencias del Sueño del Conocimiento y que realicé algunas proyecciones, pero nunca me tomé el trabajo de registrarlas, y ahora han desaparecido por completo de mi mente. No sé por qué, pero la impresión en mi cerebro de estas aventuras fuera del cuerpo es extremadamente huidiza. Deberían anotarse en detalle lo antes posible después del suceso, lo cual es una gran molestia cuando interrumpe el descanso nocturno. Ciertamente que no he sido el investigador ideal: he sido perezoso y he trabajado sólo a rachas, atraído hacia aquí o hacia allá por ambiciones en conflicto y otros intereses. Dos de mis primeros cuadernos de apuntes han desaparecido y probablemente fueron destruidos en la limpieza previa a una mudanza. Todavía tengo notas de varios cientos de sueños, pero de estos, sólo unos sesenta pueden ser considerados verdaderas proyecciones. Sin embargo, he realizado muchas más que, o no fueron registradas jamás, o se encontraban en mis cuadernos perdidos.

He encontrado una breve anotación, realizada en agosto de 1906, de otra aparición que vi en Estado de Trance. En esa ocasión fue de la mujer que al poco tiempo se convertiría en mi mujer. Ella se encontraba en Southampton y yo en West Kensington. Salí de un sueño no recordado para encontrarme aparentemente despierto, sin inclinación a moverme, y con los cambios en la atmósfera que he descrito con anterioridad. Esta aparición fue similar a la de Elsie y desapareció en cuanto me moví, lo cual rompió el trance. No pronuncié palabra alguna y no vi colores astrales. La que sería mi mujer se encontraba durmiendo en esos momentos, pero no tuvo ningún recuerdo de haber soñado.

Luego se produce una brecha en mis registros hasta julio de 1908, y esta experiencia marca un avance realmente importante:

Estaba recostado en el sofá por la tarde con los ojos cerrados y repentinamente descubrí que podía ver el estampado del sofá negro. Esto me dijo que me encontraba en Estado de Trance. Entonces abandoné mi cuerpo, al desear con fuerza salir de él, y experimenté una transición extremadamente repentina hacia un hermoso y desconocido paisaje en el campo. Caminé durante un buen rato sobre un suelo salvaje y encantador, bajo un cielo de un azul vivo en el cual había unas aborregadas nubes iluminadas por el sol. Demasiado pronto, mi cuerpo me llamó a regresar, y en mi vuelo hacia el hogar recuerdo claramente haber atravesado un carro tirado por un caballo que se encontraba en una calle poco familiar. La apariencia real del cielo londinense en el momento de la realización de este experimento me es desconocida. De haber decidido observarlo directamente, el trance se hubiese interrumpido.

La importancia de este relato reside en dos puntos:

1. Se demostró que el Sueño del Conocimiento, que yo había considerado hasta entonces como un requisito indispensable previo a la proyección, no era realmente esencial y se podía prescindir de él por completo. Pues yo no me había dormido realmente, sino que me encontraba en un estado somnoliento cuando descubrí que podía ver a través de mis ojos cerrados. Era como si tuviese un par de ojos interiores que se hubiesen abierto de repente. Esto significaba que, cuando las condiciones eran favorables, era posible entrar en un Estado de Trance sin la intervención de un sueño y que uno podía experimentar en cualquier momento, no sólo en las raras ocasiones en las cuales la facultad crítica se había mantenido despierta en el sueño. Aún había de descubrir, sin embargo, que ambos métodos eran igualmente difíciles pues, aunque era fácil inducir las etapas iniciales del trance, la más mínima interrupción era suficiente para romper el estado antes de que éste fuera lo bastante profundo como para permitir la separación.

2. Aunque al lector le pueda parecer ridículo, nunca me había dado cuenta de que el Estado de Trance precedía al hecho de la proyección. Probablemente a causa de mis dos primeras experiencias catalépticas, yo creía que el orden del fenómeno era el siguiente: Sueño del Conocimiento, Proyección, Falso Despertar, y luego el Estado de Trance como fase final. Sí, ahora parece muy estúpido de mi parte, pero debe recordarle que yo trabajaba prácticamente solo y que en aquella época

casi no había literatura sobre el tema. Fue tan sólo una inspiración la que me hizo intentar abandonar mi cuerpo en esta ocasión, algo que nunca había pensado hacer en todas mis experiencias previas en Estado de Trance, y no hay explicación para ello.

Transcurrió casi un año antes de que yo pudiese repetir este éxito, y luego, en octubre de 1909, tengo otro registro:

Después de que el sol se pusiera, me acosté en el sofá para experimentar. Mis ojos estaban cerrados, pero, casi de inmediato, con mi visión astral, pude ver la habitación con bastante claridad y a mi mujer sentada cosiendo junto al fuego. Sentí también un adormecimiento que subía por mis piernas y la antigua falta de predisposición a moverme, o la incapacidad de hacerlo. Esto me dijo que había conseguido el Estado de Trance. Como anteriormente, con sólo desear con fuerza abandonar mi cuerpo, me encontré de pie sobre la acera iluminada por la farola, fuera de mi casa. Caminé una distancia corta por la calle y entré en la tienda de ultramarinos. Estaba llena de clientes, pero nadie se percató de mi presencia. Deseaba saber si era visible para el tendero, pero mi cuerpo me llamó a regresar, y creí haber despertado. La habitación parecía tan real como en la vida normal, pero en aquel momento un loro de vivo plumaje voló sobre mi cabeza y atravesó la pared. Entonces supe, al observar esta ilusión, que había experimentado un Falso Despertar y que me encontraba todavía en Estado de Trance. No obstante, antes de que pudiese realizar otra excursión, algún ruido rompió el trance.

Mi único experimento con cloroformo pertenece a este período. Como había conseguido aproximadamente una cucharada de un amigo médico, vertí un poco sobre un algodón y procedí a inhalado cuidadosamente. Me encontraba acostado en el sofá y mi mujer y Barroca estaban presentes. Después de unas pocas inhalaciones, me pareció que era lanzado hasta las estrenas, y que un resplandeciente hilo plateado conectaba a mi ser celestial con mi cuerpo físico. La consciencia dual era muy pronunciada. Cuando hablaba, me parecía que mis palabras viajaban por el hilo y eran pronunciadas por mi ser físico; pero el proceso era simultáneo, y yo podía sentir que me encontraba entre las estrellas y en el sofá, todo al mismo tiempo. Desde esta altura olímpica hablé a mi pequeño público; pero, ¡ay de mí, el gran cerebro estaba nublado! Me cuentan que manifesté una lamentable falta de seriedad y que mis comentarios no constituyeron una contribución que valiese la pena preservar en los anales de la Investigación Psíquica. Además, después del experimento, me encontré extremadamente mal durante unos minutos. Por lo tanto, considerándolo todo, no puedo recomendar a un estudiante serio el método del cloroformo para obtener la separación.

En 1909 encuentro, también, un registro de un pequeño Sueño del Conocimiento bastante singular:

Soñé que mi mujer y yo nos despertamos, nos levantamos y nos vestimos. Al subir las persianas, hicimos el sorprendente descubrimiento de que la fila de casas de enfrente había desaparecido y que en su lugar había campos despejados. Le dije a mi mujer: «Esto significa que estoy soñando, aunque todo parezca tan real y yo me sienta perfectamente despierto. Esas casas no pueden haber desaparecido durante la noche, ¡y mira toda esa hierba!»

Pero, aunque mi mujer estaba muy perpleja, no pude convencerla de que se trataba de un sueño. «Bueno,» continué, «estoy preparado para defender mi razón y ponerla a prueba. Saltaré por la ventana y no me haré ningún daño». Ignorando implacablemente sus súplicas y sus objeciones, abrí la ventana y me subí al alféizar. Entonces salté, y floté suavemente hacia la calle. Cuando mis pies tocaron el suelo, desperté. Mi mujer no recordaba haber soñado.

De hecho, yo me había puesto muy nervioso al saltar, pues la atmósfera dentro de nuestra habitación parecía tan absolutamente real que casi me hace aceptar lo manifiestamente absurdo de lo que sucedía afuera. ¿Era mi mujer en el sueño tan sólo una creación de mi mente? ¿O era realmente mi mujer funcionando en su vehículo astral? No lo sé. Como se verá más adelante, se trata de un problema que nunca he sido capaz de resolver. Por desgracia, mi esposa nunca ha tenido ningún recuerdo de haber soñado en las ocasiones en las cuales aparentemente la he encontrado en una proyección o en un sueño normal. Existe una terquedad de las cosas, pues una vez, estando probablemente ella también en un estado de trance, se asustó al ver a mi yo etérico o astral sentado, fuera de mi yacente forma física, y luego, por supuesto, yo no logré recordar nada.

Tengo, también, notas de una experiencia telepática. Una noche, después de cenar, salí a pasear y me sumergí en el tema de una historia que estaba escribiendo entonces. Estaba fumando un tabaco muy fuerte que en aquella época me gustaba mucho, y dejé salir el humo mecánicamente mientras pensaba en la trama. Justo cuando pasaba delante de una valla publicitaria en la calle de Westminster Bridge, me encontré tambaleándome y pensé que estaría mareado. En pocos minutos logré dominar la situación, guardé la ofensiva pipa y continué caminando. Cuando llegué a casa, casi había olvidado el incidente y me sorprendió encontrar a mi mujer bastante preocupada por mí. Parece ser que ella había tenido una repentina visión mental en la cual me vio tambalear al tiempo que pasaba delante de esta valla publicitaria particular, y tuvo una impresión muy vívida de que yo me encontraba mal. Yo no recordaba haber pensado en ella para nada, al estar tan preocupado con mi historia hasta el punto en que descubrí que había fumado demasiado; ni recordaba ella haber pensado en mí hasta que la imagen mental hizo irrupción repentinamente en su consciencia. La naturaleza trivial del incidente se suma a la dificultad para encontrar una explicación satisfactoria. En una ocasión, cuando me encontraba realmente en un serio peligro, mi mujer sintió mi situación peligrosa y sufrió muchísimo. Sin embargo, no tuvo ninguna imagen mental y no tenía ni idea de la naturaleza de mi problema, a pesar del hecho de que ella estaba mucho en mis pensamientos en aquella época.

En agosto de 1911 regresamos a Southampton, donde teníamos muchos amigos y lazos sentimentales, y mi siguiente registro corresponde a julio de 1912:

Me encontraba acostado en la cama por la tarde cuando experimenté un Falso Despertar, imaginando que mi mujer y dos amigos estaban sentados en la habitación, hablando. Me sentía muy cansado como para participar en la conversación y «me dormí» otra vez. Cuando volví a ser consciente de lo que me rodeaba, me di cuenta de que me encontraba en Estado de Trance y que podía abandonar mi cuerpo. De modo que me senté (como saliendo de mi cuerpo) y salí de la cama despreocupadamente. La consciencia dual era muy pronunciada. Podía sentirme acostado sobre la cama y de pie junto a ella, mis piernas contra la manta, simultáneamente; pero aunque era capaz de ver todos los objetos que había en la habitación con bastante claridad, no podía ver mi cuerpo cuando lo buscaba sobre la cama. Todo parecía tan real como en el estado de vigilia (más aún, especialmente vívido) y yo me sentía indescriptiblemente bien y libre. Mi cerebro parecía estar extraordinariamente alerta. Dejé la cama y caminé lentamente por la habitación hasta la puerta. La sensación de consciencia dual iba disminuyendo a medida que me iba alejando de mi cuerpo; pero, justo cuando estaba a punto de salir de la habitación, mi cuerpo me atrajo al instante y el trance se rompió. No hubo una etapa final de aparente catalepsia, y la experiencia no tuvo efectos posteriores desagradables.

Este relato no parece muy interesante, pero marcó un avance importante, y su significancia especial reside en la forma suave en que se efectuó la separación. Fue mi primera experiencia de una proyección no instantánea realizada cuando me encontraba en un estado de trance autoinducido sin el preliminar Sueño del Conocimiento. Pienso ir tratando mis avances por orden cronológico pero, aunque la información será oscura de momento, quisiera añadir que ésta fue una verdadera proyección de «Puerta Pineal», y el doloroso asunto de pasar por la «puerta» tuvo lugar mientras yo me encontraba inconsciente en el plano físico. Se verá que estos comentarios se aplican también a otros ejemplos de proyección no instantánea.

Proyección Instantánea es el nombre que le he dado al tipo de proyección en la cual la separación tiene lugar al lanzar, de un modo más o menos enérgico, al vehículo sutil fuera del cuerpo físico mediante un fuerte esfuerzo de la voluntad. En estos casos, la velocidad aparente es tan grande que uno atraviesa las paredes de la habitación como un relámpago y, por lo tanto, no hay tiempo para la sensación de consciencia dual.

Con este método ocurrirán, también, con frecuencia, rupturas en la consciencia, de manera que el experimentador puede no ser completamente consciente de su estado, identidad, etc., hasta detenerse, probablemente a muchas millas de distancia de su cuerpo.

Se sabe que no pude ver mi cuerpo cuando lo busqué sobre la cama, y ésta ha sido mi experiencia en general, aunque otros proyeccionistas dicen que ellos pueden ver el suyo. Se me ha sugerido que, si estoy funcionando en mi cuerpo astral, debería ser capaz de ver sólo los equivalentes astrales de los objetos de mi habitación; y, por lo tanto, para ver a mi cuerpo físico, sería necesaria una especie de «clarividencia hacia abajo», ya que su equivalente astral ya no coincidiría con él. Quizás otras personas tengan este poder y yo no. Pero, fundamentalmente, los diferentes estados de consciencia son el resultado de la capacidad de respuesta a los distintos tipos de vibración; y por esta razón, puede ser que el proyeccionista, cuando se exterioriza, viva hasta cierto punto en su propio mundo; y dos experimentadores nunca obtendrán resultados exactamente iguales, porque no responden exactamente al mismo tipo de vibración.

Esto es cierto también en el estado de vigilia, pero en un grado menor. Nuestro mundo físico no es, para nada, el mismo lugar para todos nosotros, a pesar de que existe un acuerdo general suficiente acerca del fenómeno que presenta que nos permite continuar con nuestras obligaciones. Algunas personas no pueden ver los colores, otras no pueden oír los tonos; y si varias personas presencian un mismo suceso y se registran sus impresiones individuales, habrá notables diferencias en sus narraciones. No es de sorprender, entonces, que cuando nos alejamos de la vieja materia sólida encontremos que las impresiones o experiencias de un proyeccionista no concuerdan completamente con las de otro.

El Sr. Sylvan Muldoon, en su libro *The Case Astral Projection,* Chicago, 1936, The Aries Press, escribe lo siguiente:

«El Sr. Fox mantuvo que mientras estaba proyectado era incapaz de ver su cuerpo físico (aunque podía ver el de su mujer normalmente). Este hecho me ha sido señalado en el pasado como prueba contra la realidad de sus exteriorizaciones. Aunque, como ya he señalado, no recurriré a explicaciones en el presente volumen, no hay absolutamente nada raro en este hecho. Existen muchas razones por las cuales esto podría ser cierto y que, en teoría, fortalecen, en lugar de debilitar, el relato del Sr. Fox. En el próximo volumen se explicará esto más extensamente».

Hubo, sin embargo, sólo una ocasión en la cual pude ver mi cuerpo. La proyección, que era del tipo instantáneo, se realizó de una forma muy inusual:

15 DE FEBRERO, 1914
Foundry Lane, Southampton

Por la tarde estuve experimentando sentado en la mecedora. Rápidamente entré en Estado de Trance y vi con la visión astral, a pesar de que mis ojos estaban completamente cerrados. Deseé con fuerza ascender. Entonces, repentinamente, fui como transportado por el aire fuera de mi cuerpo, girando de manera tal que acabé delante de él, y fui llevado hacia arriba en una posición casi horizontal. En este rápido viaje hacia arriba vi mi rostro como si lo estuviese viendo a sólo una pulgada de distancia, extraño y monstruoso y, sin embargo, inequívocamente mío. Y a través de los párpados cerrados, los globos oculares eran completamente visibles. Estaban vueltos hacia arriba, mostrando sólo lo blanco, lo cual les daba un efecto aún más grotesco. Esta aparición fue tan inesperada y horrible que me espanté. No obstante, continué deseando con fuerza ascender, y salí disparado hacia la negrura. Entonces, cuando pensaba en dar el siguiente paso, el trance llegó a su fin. La impresión había sido demasiado para mi control mental de la situación. La peculiar cercanía del punto de vista pudo haber permitido que viese mi rostro en esta ocasión.

CAPÍTULO SÉPTIMO

Ocho historias

LOS AÑOS 1913, 1914 y 1915 vieron un incremento gradual de mi interés por mis experimentos de proyección. Yo había escrito dos novelas, que estaban destinadas a no ser publicadas jamás, y después probé suerte con los cuentos cortos. En 1913 éstos iban bastante bien; es decir, siete de cada nueve encontraron un hogar ¡después de ser rechazados hasta dieciocho veces! Pero una vez que superé la novelería de ver mi nombre impreso, mi natural terquedad se afirmó una vez más y mi interés se desvaneció. Las historias que yo disfrutaba escribiendo eran siempre las más difíciles de vender, y me cansé de escribir aquellas que vendían con una relativa facilidad. Pero con la llegada de la Gran Guerra mi problema literario se resolvió: no vendía nada, excepto lo relacionado con la guerra, y mi alma artística se encogió debido a todo lo que tendría que «empollar» para escribirlo. De modo que conseguí un empleo administrativo y dediqué mis horas libres a los estudios ocultos y al trabajo de investigación, ya que el Ejército había rechazado mis servicios por el momento.

La escasez de notas ya ha terminado y ahora tengo abundante material para poder seleccionar, tanto proyecciones exitosas como experiencias de trance que llegaron a su fin antes de que se lograra la separación. En el presente capítulo he escogido ocho relatos de este período, cada uno de los cuales parece poseer características de especial interés.

Le advierto al lector que no tome mis afirmaciones acerca de la glándula pineal de una forma demasiado literal; de hecho, si le parece bien, lo invito a contemplar la Puerta Pineal como algo puramente imaginativo. Pero, al menos, este concepto constituye una ayuda muy útil para un ejercicio mental que sin duda conduce a una nueva forma de consciencia, incluso si la teoría de la proyección es rechazada. El resultado que obtuve se encuentra más allá de cualquier cuestionamiento; pero mi explicación del proceso en sí podría ser más simbólico que exacto. No obstante, tengo razones para suponer que no me alejo tanto en mi descripción, recordando siempre que las cosas son sólo relativamente ciertas, y que la verdad debe eludir siempre la palabra hablada o escrita. Y no viene al caso en cuanto al éxito del experimento. Al emplear este método el resultado puede obtenerle.

OTOÑO, 1913
Foundry Lane, Southampton

Por la tarde, con la intención de experimentar, me acosté sobre la cama y logré entrar en el Estado de Trance. Luego procedí a abandonar mi cuerpo, experimentando la consciencia dual hasta que salí de la casa (atravesando las puertas cerradas); pero, al llegar a la calle, no pude sentir a mi cuerpo físico acostado sobre la cama. Había caminado unas cien yardas, aparentemente sin ser observado por las pocas personas que había allí, cuando me vi atrapado por una fuerte corriente y fui transportado a una gran velocidad. Me detuve en un sitio hermoso, pero desconocido. Parecía que se estaba celebrando una fiesta escolar, pues habían muchos niños vestidos de blanco jugando y merendando bajo los árboles. Estaban también presentes algunos adultos; noté particularmente la presencia de una vieja gitana. Un humo azulado surgía de las fogatas que habían encendido, y una impresionante puesta de sol bañaba la apacible escena con un suave resplandor dorado. Caminé hasta llegar a unas casas de ladrillo rojo, las cuales marcaban, evidentemente, el límite de las tierras de la comunidad en esa dirección. La puerta delantera de una de estas casas estaba a medio abrir, de modo que entré, curioso de ver si sus habitantes se percataban de mi intrusión. Al final del pasillo había unas escaleras ricamente alfombradas. Subí por ellas.

Al ver una puerta entreabierta en el primer descanso, entré, y me hallé ante una habitación cómodamente amueblada. Una joven dama, vestida de terciopelo de color granate, se encontraba de espaldas a mí, arreglándose el pelo delante del espejo. Yo podía ver aquel radiante cielo ámbar a través de la ventana que había junto al tocador, y las abundantes trenzas de un castaño rojizo de la chica relucían bajo esta luz glamurosa. Noté que la colcha de la cama tenía un aspecto arrugado y que había agua en una palangana sobre el lavamanos. «Ah, señora mía», pensé, «tú también has estado descansando y ahora te estás arreglando para tomar el té, ¿o será para cenar?»

No me importó invadir su privacidad, pues ella podría existir tan sólo en mi mente y yo sabía, por experiencias anteriores, que había muy pocas probabilidades de que yo fuese visible para ella. Se me ocurrió colocarme detrás y mirar sobre su hombro en el espejo. Me puse tan cerca de ella que percibí la agradable fragancia que emanaba de su pelo, o quizás del jabón que acababa de utilizar. En el espejo pude ver su rostro (particularmente bello; creo que sus ojos eran grises) pero ni la más débil señal del mío era visible.

«Bueno», pensé, «es evidente que no puedes verme. ¿Puedes sentirme?».

Y apoyé mi mano sobre su hombro. Sentí claramente la suavidad de su vestido de terciopelo y, entonces, ella se sobresaltó violentamente; tanto que yo reaccioné así también. Al instante, mi cuerpo me atrajo y desperté, en un estado inmediatamente normal; no hubo prolongación del trance, ni sensaciones de catalepsia. No noté ningún efecto posterior negativo. El cielo del oeste había estado azul cuando me acosté, pero al romper el trance vi que estaba del mismo color ámbar glorioso que había tenido en mi experiencia fuera del cuerpo. Desafortunadamente, omití la fecha del experimento, aunque escribí el relato inmediatamente después.

Desde la visión de que prolongar la experiencia debería ser la primera consideración, haber tocado a la dama fue ciertamente un error. He descubierto que, aunque yo pueda ser invisible a las personas con las que me encuentro en el viaje durante el sueño, éstas responden a mi tacto. Si la conmoción producida es lo suficientemente grande como para afectarme, entonces mi cuerpo me llama a regresar, probablemente a través de la repercusión.

Nota: La proyección se encuentra actualmente en su infancia, pero si en el futuro se convirtiera en un logro bastante normal, el derecho de uno a invadir, incluso en un cuerpo que no es visible, y la privacidad de otra persona tendrían que considerarse seriamente. Creo que una intromisión como la mía, hecha deliberadamente, es en verdad inexcusable en cualquier persona que esté convencida de que la proyección es una verdad. No obstante, debido a las fuertes corrientes astrales y al hecho de que con frecuencia uno tiene poco o ningún control sobre la experiencia fuera del cuerpo, me parece que las intrusiones accidentales son inevitables. Está bien claro: a menos que estemos seguros de que un amigo/a no se asustará, o no se opondrá a recibir una visita astral, no deberíamos intentar llegar hasta otra persona sin su consentimiento. Una vez que el permiso ha sido obtenido, sería mejor, por razones evidentes, no informarle a quien la percibirá de la hora de la intencionada visita, sino colocar una declaración escrita en un sobre cerrado en manos de una tercera persona antes de realizar el experimento.

14 DE DICIEMBRE, 1913
Foundry Lane, Southampton

Me encontraba caminando por algunas calles laterales en un lugar que podría haber sido una porción hasta entonces inexplorada de la enorme Londres de los sueños, y yo sabía que estaba soñando. No había nadie afuera excepto yo, a pesar de que era pleno día y que el cielo despejado era de un celeste pálido. Entonces salí a una enorme plaza y ahí, delante de mí, se alzaba un edificio colosal, un milagro de volumen y de belleza arquitectónica. Era vagamente gótico en su diseño, una masa de lazos y detalles esculpidos, con innumerables ventanas puntiagudas e incontables nichos que contenían estatuas. Todo relucía con una indescriptible suavidad, compuesta de mil sombras y tonos sutiles, con el maravilloso brillo y pureza de la luz onírica. Este edificio no era únicamente de ladrillo y piedra, parecía estar vivo, tener un alma eterna; para mí tenía todo el atractivo elevado e intensamente espiritual de una mujer encantadora. Aquel edificio podría haber inspirado una novela por sí solo, una que se podría llamar «La Gloria Encumbrada» (tomándolo prestado del Abt Vogler de Browning). Cerca de él había una estatua gris en decadencia (quizás de la Reina Victoria) sobre un enorme pedestal; pero su estructura, a pesar de ser de cincuenta o sesenta pies de altura, parecía absurdamente pequeña, un mero enano, al lado de la impresionante grandiosidad de este enorme edificio.

La estatua tenía la apariencia de ser muy vieja, perteneciente a siglos pasados. Como yo deseaba intensamente alcanzar la cumbre de este hermoso edificio, decidí levitar y realicé unos ligerísimos movimientos de las piernas –los cuales he encontrado necesarios desde entonces– mientras me echaba hacia atrás, simultáneamente, como si me dispusiera a flotar en el agua. Al principio ascendí lentamente, luego fue como si fuese atrapado por una fuerte corriente y transportado hacia arriba a gran velocidad, en una dirección inclinada. Recuerdo haber pasado cerca de la cara de la estatua (una cosa monstruosa, golpeada por el tiempo y horrible, que tenía el aspecto de haber sido carcomida por una repugnante enfermedad, con unas desmenuzadas fosas nasales que hacían que la nariz fuese grotescamente puntiaguda) y las pequeñas imágenes de los nichos se tornaron repentinamente grandes a medida que fui subiendo. Luego, cuando parecía que en mi curso diagonal debía penetrar el edificio, mi cuerpo me llamó a regresar y desperté. El glamour de esta experiencia persistió durante la mayor parte del día.

Nota: A diferencia de la aventura de la Bahía de Bletchingden, en la cual parecí estar sobre la tierra, en la experiencia de arriba estuve en algún nivel del plano astral. En el curso de mis diversas exploraciones de este lugar, he descubierto que el equivalente astral (si se trata de él) de una ciudad parece mucho mayor que el de la tierra, pues además de sus actuales estructuras y características, se encuentran edificios, monumentos, etc., que no tienen existencia actualmente en la tierra. Algunos de ellos deben haber existido en el pasado, y los otros sospecho que son formas de pensamiento muy poderosas, o quizás presagios astrales de edificios terrestres que un día llegarán. Al no iniciado esto le sonará sin sentido; pero, consideradlo de la siguiente manera: toda empresa tiene su horóscopo, que es la llave de las fuerzas ocultas que hay detrás de su inicio. Si puedes conectarte con el camino psíquico de las fuerzas que gobiernan la Escuela Técnica de la Ciudad X, puedes obtener una visión de los nuevos edificios que serán ocupados por dicha institución en el año 1960 −que es lo que hace el psicometrista−. ¿No fue escrito hace mucho tiempo que el Pasado, el Presente y el Futuro son en realidad uno? Bueno, el plano astral es una red infinita de caminos psíquicos, y la ciudad X entera también tiene su horóscopo. No deseo profundizar en este punto. Para el explorador astral, entonces, la ciudad X le resultará, al mismo tiempo, familiar y extraña, una mezcla curiosa de lo conocido y lo desconocido, de un estilo antiguo y de uno nuevo o ultra-nuevo; y el efecto general será que la ciudad astral X es mucho mayor que la terrestre. Según mis experiencias, el investigador, que realiza su enésimo viaje a la ciudad astral X, encontrará las mismas características −no existentes en la Tierra− que lo dejaron perplejo en su primera aventura.

9 DE JULIO, 1914
Foundry Lane, Southampton

A las 9 a. m. me acuesto sobre mi cama para experimentar con los viajes por los sueños. Los acontecimientos suceden como sigue:

1. Me dormí y soñé que despertaba. Este falso despertar fue seguido de mi verdadero despertar.

2. Me volví a dormir, y esta vez logré entrar en el estado de trance correcto, y era perfectamente consciente de mi condición. Luego abandoné mi cuerpo (pero no podía verlo sobre la cama) y atravesé la habitación hasta la puerta. La consciencia dual muy fuerte; podía sentirme acostado sobre la cama y de pie junto a la puerta al mismo tiempo. Pasé al recibidor, luego abrí la puerta delantera y la cerré; pero, por supuesto que no se trataba de la puerta física real. Llegado este punto, la consciencia dual cesó y no pude continuar sintiendo mi cuerpo sobre la cama. Con la intención de visitar astralmente algunos amigos que vivían cerca, caminé unas cien yardas por Foundry Lane hacia la Avenida Shirley. Pasé junto a una chica que no me vio. Sin embargo, antes de poder llegar a la Avenida, me vi atrapado por alguna fuerza y

transportado lejos a una velocidad inmensa, deteniéndome finalmente en una ciudad extraña.

Sin ser visto, pasé por una calle llena de gente, observando con interés unos edificios que me resultaban desconocidos y a las indiferentes personas. Recuerdo particularmente un jardín delantero en el cual una veleta en miniatura hacía funcionar a un pequeño y curioso polichinela danzante. Crucé por un mugriento puente ferroviario. Unas locomotoras verdes relucían bajo la brillante luz del sol, y noté lo hermosas que eran las nubes de vapor condensado que salía de las chimeneas, nubes perladas contra el cielo azul. De modo que caminé durante aproximadamente un cuarto de milla y luego empecé a sentir los pies pesados. Cada vez más pesados. Mi cuerpo tiraba de mí con fuerza; ese cuerpo que yacía sobre la cama, quizás a millas de distancia. Finalmente no pude resistir la llamada durante más tiempo. Era como si una poderosa cuerda elástica, conectando a mis dos cuerpos, hubiese aparecido de repente y me venciera. Salí disparado hacia atrás a una velocidad sorprendente, entrando en mi cuerpo de un modo tan violento que el trance se rompió al instante. Desperté.

3. Me dormí otra vez y tuve varios sueños corrientes y sin ningún interés, en los cuales no tenía conocimiento de estar soñando. Desperté una vez más.

4. Entré en el Estado de Trance adecuado una vez más, totalmente consciente de estar en él. Abandoné mi cuerpo, el mismo fenómeno de antes, en (2), y pasé al jardín. Entonces decidí que haría mi primer intento de «Skrying» o «elevarse a través de los planos». Me puse de pie, los brazos a los lados y, concentrando todo el poder de mi voluntad en un esfuerzo supremo, deseé con fuerza ascender. El efecto fue verdaderamente sorprendente. Al instante, la tierra cayó de mis pies —así me lo pareció, debido a lo repentino y a la velocidad de mi ascensión—. Miré hacia abajo y vi mi casa, que ahora no era más grande que una caja de cerillas, y las calles no eran más que gruesas líneas que separaban a las casas. Noté que viajaba en una dirección inclinada. Rectifiqué esto mediante un esfuerzo de la voluntad y continué ascendiendo directamente hacia arriba. Al poco rato, las nubes blancas escondieron a la Tierra. Arriba y arriba y arriba. La velocidad se incre-

mentaba cada vez más. La soledad que sentí era indescriptible. Arriba y arriba y arriba.

Mi consciencia era perfecta, excepto por una cosa: perdí el sentido del tiempo. Podía haber estado fuera del cuerpo durante horas, o incluso un día, no podía saberlo. Pensamientos de un enterramiento prematuro me rondaban. Arriba y arriba y arriba. Aquella soledad era terrible; únicamente aquellos que han tenido una experiencia similar pueden darse cuenta de lo que sentí.

El azul del cielo había ido desapareciendo gradualmente; pero el brillo de la luz no había disminuido, por lo menos no de manera notoria. Entonces vi un fenómeno de lo más imponente: desde un punto del zénit surgió una sucesión de relucientes círculos concéntricos de un tono plomizo, extendiéndose sin cesar en enormes ondas; como cuando se lanza una piedra a un lago.

Ante esta visión sentí verdadero temor, pero no perdí el autocontrol. Al darme cuenta que casi había llegado al límite de mis poderes de resistencia, deseé descender. Instantáneamente, el proceso fue invertido; el cielo se tornó azul otra vez; la Tierra se hizo visible a través del lanudo velo de nubes y se elevó para unirse a mis pies. Entré otra vez en la casa y, suavemente, regresé a mi cuerpo. Entonces experimenté un toque de catalepsia y tuve la ilusión de que mi mujer me abrazaba, intentando desesperadamente devolverme a la vida. En realidad ella no se encontraba en casa.

Rompí el trance sin mucha dificultad y me levanté de la cama. Era el mediodía, de modo que todo el experimento había durado tres horas. No sentí ningún malestar ni efectos posteriores desagradables. De hecho, tuve una sensación inusual de frescor y de exaltación espiritual durante el resto del día. En realidad, el sol estuvo brillando con fuerza todo el tiempo que llevé a cabo mi experimento, tal como lo hizo en mis experiencias fuera del cuerpo.

Nota: El viaje hacia arriba, o «Skrying», no debe confundirse con los torpes intentos de levitación realizados por mí en algunos sueños en los que he tenido conocimiento de estar soñando. En estos últimos, la levitación se efectuó golpeando hacia abajo o haciendo movimientos como andar con las manos y los brazos, con el cuerpo inclinado hacia atrás en un ángulo, como a punto de flotar en el agua. En estos casos, la aparente altura alcanzada fue sólo de cincuenta y cien pies respectivamente, y luego el tirón de mi cuerpo físico, o alguna fuerza similar a la gravitación, me hizo descender.

Cuando había alcanzado mi altura máxima, podía girarme de modo que miraba el suelo que había debajo de mí, y entonces continuaba, haciendo movimientos de natación o únicamente con el poder de la voluntad si las condiciones eran favorables. De hecho, creo que el verdadero poder motor se encuentra únicamente en la voluntad y que el movimiento de las manos, los brazos y las piernas son sólo una ayuda a la concentración y pueden, por ende, ser eliminados si uno es completamente consciente de su condición. El «Skrying», sin embargo, se logra mediante un esfuerzo supremo únicamente de la voluntad, y los resultados obtenidos son muy distintos.

Mientras que los intentos de levitación en el sueño son bastante inofensivos –como los que logré en el experimento de arriba– el verdadero «Skrying» es, creo, un procedimiento muy peligroso y que no debe ser realizado a la ligera de forma frívola.

Hacer «Skrying» es como deslizarse, pero en una dirección vertical. No hay un tirón hacia abajo análogo a la gravedad, sólo el llamado del cuerpo. Se realiza únicamente mediante el esfuerzo mental, los brazos bastante pasivos, y se caracteriza por la enorme velocidad de la ascensión. Me han dicho que utilizando este método es posible viajar a otros planetas; pero que es extremadamente peligroso para el estudiante que no está bajo la orientación de un Adepto. En la técnica del «Skrying» no he avanzado más de lo que avancé en esta primera experiencia. Me digo a mí mismo que un hombre casado debe ejercer cierta prudencia al realizar estas investigaciones, pero en realidad tengo miedo.

Otros proyeccionistas afirman que son capaces de ver este cordón elástico que conecta al vehículo exteriorizado con el cuerpo físico, e incluso lo describen con cierto detalle. Yo he luchado contra su tirón en bastantes ocasiones, pero nunca he podido verlo –si excluimos el episodio del cloroformo–. Es interesante señalar que cuando el trance finaliza involuntariamente, y por lo tanto de forma repentina, el efecto producido es que uno es atraído hacia atrás al cuerpo físico, pero la velocidad es tan enorme que el retorno parece casi instantáneo.

13 DE JUNIO, 1915
New Road, Southampton

Por la tarde me acosté en el sofá con intención de experimentar. Entré en estado de trance. Mis ojos estaban cerrados, pero podía ver la habitación con mucha claridad. Al intentar abandonar mi cuerpo, experimenté sensaciones preliminares muy peculiares y bastante aterradoras, como una gran erupción o un torrente que subía por todo mi ser. La separación se efectuó de forma perfecta. Consciencia dual hasta que abandoné la habitación. Bajé las escaleras. Luego fui atrapado y transportado a lo que parecía ser un enorme palacio oriental. Una hermosa chica bailaba ante un grupo de hombres y mujeres tumbados, ricamente vestidos. Nadie podía verme. Me coloqué delante de la bailarina y fijé la mirada en sus ojos azul cielo, pero ella no se percató de nada. Sucumbiendo tontamente a su fascinación, coloqué mi brazo alrededor de su cintura cálida y desnuda. Ella se sobresaltó de una forma tan violenta, que la conmoción que me produjo rompió el trance. Instantáneamente regresé a mi cuerpo y desperté. De modo que, por gratificar a mis sentidos, mi experimento llegó a un intempestivo fin.

Nota: Este relato es de especial interés, pues señala mi primera experiencia consciente de una proyección de Puerta Pineal. Más adelante detallaré todos los fenómenos que he observado en relación a esta forma de proyección. El lector podría estar inclinado a formular la siguiente pregunta: ¿Cómo es que ciertas características se vuelven evidentes sólo en experimentos sucesivos? ¿Por qué no es posible captar todo el proceso en la primera experiencia? Creo que la respuesta a esa pregunta yace en las siguientes consideraciones:

1. Hasta que uno no se ha acostumbrado a él, este proceso que consiste en atravesar la «Puerta» de la glándula pineal produce el efec-

to de una confusión mental extrema y un miedo terrible. De hecho, uno siente que va directo hacia la muerte o la locura.

2. Además, los sonidos peculiares del Estado de Trance (véase Capítulo Quinto) distraen la atención y aumentan la confusión general.

3. Se producen interrupciones en la consciencia, de modo que los «clicks» mentales (véase Capítulo Tercero) pasan desapercibidos con frecuencia.

4. Después de regresar al cuerpo, uno depende del cerebro físico para retener los recuerdos de toda la experiencia, y las impresiones a menudo se desdibujan o son eliminadas por otras, o no llegan a grabarse en la masa cerebral –especialmente cuando el regreso ha sido abrupto.

28 DE JUNIO, 1915
Foundry Lane, Southampton

Antes del amanecer, experimenté con la proyección astral. Conseguí la separación (abandoné mi cuerpo) nada menos que seis veces. Durante todo el experimento mi trance no se interrumpió. Cada vez que regresaba a mi cuerpo, fortalecía el trance mediante el poder de la voluntad, de manera que fuese cada vez más profundo, y mi cuerpo se fue poniendo, aparentemente, tan rígido como un cadáver. Finalmente, yo mismo interrumpí el trance, ya que no estaba seguro de cuánto tiempo llevaba ocupado en mis viajes y temí que pudiese resultar peligroso retrasar mi regreso por más tiempo. Mis experiencias fuera del cuerpo fueron vívidas y variadas. Podría haber escrito un informe bastante largo de ellas, si hubiese tomado apuntes inmediatamente después de romper el trance; pero cuando me vestí, varias horas más tarde, y después de dos o tres sueños corrientes, la mayor parte de los detalles de mis viajes se me habían escapado. Muy a grandes rasgos, lo que sucedió fue lo siguiente:

1. Abandoné mi cuerpo y me coloqué de pie junto a la cama, contemplando lo que podría haber sido el vehículo astral de mi mujer o algún espíritu o elemento representándola. Ella caminaba por la habitación, y yo no podía ver su cuerpo sobre la cama, y ella no era consciente de mi presencia. Regresé a mi cuerpo.

2. Abandoné mi cuerpo y salí de la habitación. Subí las escaleras y me encontré con el vehículo astral de la Sra. S., que vivía en la misma casa. Ella no me vio. Llegado este punto, experimenté una repentina transición hacia una habitación extraña, en la cual encontré a dos jóvenes damas a las que nunca había visto en el estado de vigilia. Regresé a mi cuerpo.

3. Abandoné mi cuerpo y regresé a la misma casa extraña. Ahí tuve una breve conversación con las dos jóvenes, que permanecían en la misma habitación. Regresé a mi cuerpo.

4. Abandoné mi cuerpo y salí de la casa. Repentina transición a un pueblo, o ciudad, extraño. De noche; las calles llenas de gente. Me moví sin ser visto. Viajé durante un trecho en un tranvía, pero el conductor no me vio. Leí un cartel de reclutamiento en inglés. Regresé a mi cuerpo.

5. Abandoné mi cuerpo y salí de la casa. Transición repentina a una ciudad oriental. Día luminoso. Multitudes de nativos, que parecen indios, y algunos europeos. Bazares en las calles y relucientes edificios orientales. En la distancia pude ver una curiosa fuente: un enorme elefante arrodillado, esculpido en piedra negra, lanzaba desde su trompa enrollada hacia atrás, un chorro de agua que iba a parar a un recipiente blanco en forma de concha. Regresé a mi cuerpo.

6. Abandoné mi cuerpo y me senté junto a la ventana, contemplando la brillante Luna que se ponía y meditando hacia dónde ir a continuación. Hasta el momento, debido a la profundización gradual de mi trance, mis períodos fuera del cuerpo habían sido cada vez más prolongados. Decidí que era mejor dar por terminado el experimento. Regresé a mi cuerpo y rompí el trance mediante un continuado esfuerzo de mi voluntad.

Finalmente desperté, salí de la cama y miré la Luna. Estaba tal como la había visto estando fuera del cuerpo unos minutos antes. Las experiencias iniciales del trance y finalmente el retorno a la vida de vigilia fueron ligeramente desagradables; pero, una vez conseguida la separación, los resultados fueron altamente placenteros debido a la deliciosa sensación de libertad, salud y claridad de percepción. En conjunto, entonces, esta prolongada serie de experimentos fue notablemente exitosa.

Nota: Este relato ofrece tal como fue escrito en 1915. Después de este lapso de tiempo, no puedo recordar cómo se realizó la primera separación, pero es casi seguro que fue suave. Es probable que yo estuviese consciente durante el paso por la Puerta Pineal y me encontrara en ese estado en el cual la separación consistía tan sólo en incorporarme, saliendo de mi cuerpo físico, y luego salir de la cama.

Debido a diferencias obvias en el horario (pues yo estaba experimentando en las primeras horas de la mañana, entre las 2 y las 3 a. m.), el episodio (4) debe haber sido de naturaleza astral, ya que parecía tener lugar en Inglaterra; pero los otros pueden haber estado situados en un lugar terrestre. Las personas que no consiguen olvidar el cigarrillo del pobre Raymond, o perdonarlo, se enfadarán mucho conmigo si digo que pueden verse tranvías eléctricos en el plano astral; pero es que los hay, a menos que no exista el plano astral y que estos tranvías existan sólo en mi mente.

15 DE DICIEMBRE, 1915
Foundry Lane, Southampton

Anoche, en un sueño en el que aparecía mi mujer, llegué a saber que estaba soñando por la inesperada aparición de un gran acorazado que era propelido por las calles por hombres que caminaban dentro de él. Presenciamos interesantes y extrañas escenas carnavalescas y un gran fuego, un enorme edificio en llamas.

Finalmente dejamos atrás el carnaval y el fuego, y llegamos hasta un sendero amarillo que conducía a un desolado páramo. Al detenernos a los pies de este sendero, éste se elevó repentinamente ante nosotros y se convirtió en una calzada de luz dorada que se extendía desde la Tierra hasta el zénit.

Entonces, en esta bruma teñida de ámbar aparecieron incontables formas coloreadas de hombres y bestias, que representaban la evolución ascendente del hombre a través de las diferentes etapas de la civilización. Estas formas desaparecieron; el sendero perdió su coloración dorada y se convirtió en una masa de vibrantes círculos o glóbulos (como huevos de rana), de un color azul morado. Éstos, a su vez, se convirtieron en «ojos de pavo real», y luego, de repente, llegó una culminante visión de un gigantesco pavo real, cuya cola desplegada llenaba los cielos. Le grité a mi mujer: «¡La visión del Pavo Real Universal!» Conmovido por el esplendor de la visión, recité un mantra en voz alta. Entonces el sueño terminó.

Al salir de este Sueño del Conocimiento, experimenté un Falso Despertar. Más tarde me encontré en Estado de Trance y procedí a experimentar. Conseguí la separación y abandoné mi cuerpo. Entonces vi el vehículo astral de mi mujer (que había sido alterado), o su personificación, sentado en una silla. Hablamos durante un rato sobre astrología y la adoración a Isis en el antiguo Egipto. Casi de inmediato fui arrancado por lo que parecieron ser contracorrientes de fuerzas ocultas. Oí fuertes ruidos y experimenté un miedo espantoso. Entonces fui devuelto a mi cuerpo físico, que se encontraba en estado cataléptico; pero al principio no pude romper el trance. Sufrí un considerable dolor a causa del efecto desgarrador de estas grandes fuerzas. También tuve la ilusión de que mi mujer (en su cuerpo físico) estaba preocupada por mí y de que yo' hablaba realmente con ella, explicándole mi estado. Cuando rompí el trance la encontré todavía dormida; pero no podría decir si en realidad había hablado. No hubo efectos posteriores desagradables. Por desgracia, mi mujer no recordaba el sueño ni nuestro encuentro y conversación astral.

6 DE FEBRERO, 1916
Foundry Lane, Southampton

En esta ocasión experimenté con un objetivo concreto, el de visitar a la Sra. X en su casa de la Avenida Lumsden, en Southampton. Al retirarme por la noche, me acosté sobre mi costado derecho, manteniéndome lo más quieto posible y respirando profunda y rítmicamente. No me concentré en la Sra. X, sino en las etapas preliminares del experimento, ya que yo quería entrar en el Estado de Trance sin perder la consciencia ni por un momento. En esto tuve bastante éxito. Después de realizar la respiración durante un rato, noté una curiosa sensación en mis ojos físicos, como si estuviesen vueltos hacia atrás y bizqueando ligeramente. Al mismo tiempo, toda mi consciencia parecía estar concentrada en algún punto situado en el centro de mi cerebro, quizás en la región de la glándula pineal. Se me ocurrió que estaba «concentrándome hacia adentro», como lo denominan algunos estudiantes de ocultismo. Mantuve esta concentración durante un rato, y tuve la impresión de que mi yo incorpóreo estaba siendo condensado en torno a este punto central en mi cerebro físico. Al poco rato empecé a sentir que una parálisis iba apoderándose de mi cuerpo, extendiéndose desde mis pies hacia arriba, entumeciéndolo gradualmente hasta llegar a producir una dolorosa rigidez. Ahora parecía encontrarme en un estado similar al de la catalepsia, incluso mi mandíbula estaba rígida, como si los músculos se hubiesen convertido en grapas de hierro. Yo seguía en la oscuridad, mis ojos físicos completamente cerrados y vueltos hacia atrás, pero ahora tenía la sensación de poseer otro par; y fueron estos ojos no físicos, o astrales, los que abrí. Como se puede ver, realmente pasé del estado de vigilia a un estado de trance adecuado sin ninguna interrupción de mi consciencia.

Mi cuerpo físico yacía en estado de trance sobre su costado derecho y de cara a mi mujer. Al abrir mis ojos astrales, me giré dentro de mi cuerpo físico, de modo que acabé mirando en la dirección opuesta. Grandes fuerzas parecían tensionar la atmósfera, y unos relámpagos de luz verde azulada llegaban de todas partes de la habitación. Entonces vi un horrible monstruo: una cosa vaga, blanca, diáfana e informe, que se extendía, con unas manchas horrendas y unas protuberancias en forma de serpientes. Tenía dos enormes ojos redondos, como unos globos llenos de un fuego azul pálido, cada uno de aproximadamente seis o siete pulgadas de diámetro. Ciertamente que yo estaba muy asustado. Sentí que mi corazón físico daba un brinco, y mi respiración se convirtió repentinamente en un jadeo nervioso. No obstante, la razón conquistó al miedo. Me volví a girar dentro de mi cuerpo físico, de manera que el monstruo quedaba fuera de mi visión. Diciéndome a mí mismo que nada podía hacerme daño, concentré mi voluntad en prolongar el trance que esta conmoción casi había interrumpido. Tuve éxito.

Mi corazón se normalizó y mi respiración se tornó rítmica.

Una vez más me giré dentro de mí mismo y observé la habitación. El monstruo había desaparecido, pero los relámpagos continuaron durante un rato más. Estos también cesaron, y luego la habitación pareció estar exactamente como siempre, excepto por el hecho de que era iluminada suavemente y de forma pareja por una fuente de luz que no era visible. Entonces me incorporé con mi cuerpo astral, saliendo, así, de mi cuerpo físico yaciente, desplacé mis piernas hacia el costado de la cama y finalmente me puse de pie, después de haber efectuado una separación total. La consciencia dual era muy pronunciada, podía sentir claramente que estaba acostado sobre la cama y que, al mismo tiempo, estaba de pie sobre el suelo. Sin embargo, no podía ver mi cuerpo sobre la cama, quizás debido a que su equivalente astral se había retirado conmigo; pero esto es sólo una teoría. La forma de mi mujer era claramente visible. Me incliné y la besé, y ella abrió los ojos, mirándome medio dormida. Entonces se me ocurrió que era mejor continuar con mi experimento, de modo que le dije adiós con la mano y salí de la habitación.

Atravesando la puerta de la habitación y la de la calle, aparecí fuera de la casa e hice una pausa mientras concentraba todo el poder de mi voluntad en la idea de viajar hacia la Sra. X. En ese momento descubrí fugazmente una cortina apenas visible de objetos circulares vibrantes que parecían huevos de rana. Creo que eran de un color azul tenue o un morado, pero estaban justo en el límite de la visibilidad. Ahora había perdido la sensación de la consciencia dual. Todo yo parecía estar fuera de la casa. Mi razón me dijo que mi cuerpo físico yacía sobre la cama junto a mi mujer, pero yo ya no lo sentía ahí. Era necesario un poco de tiempo para concentrarse en la idea de viajar hasta la Sra. X.

Casi de inmediato fui atrapado y transportado a una velocidad cada vez mayor, atravesando casas y árboles, y tomando, aparentemente, el camino más corto hacia el objetivo deseado. Al final de este viaje, que duró aproximadamente un segundo, si es que llegó a tanto, me encontré dando golpes contra la parte delantera de unas casas parecidas a las de la Avenida Lumsden. Era como si yo fuese un trozo de papel lanzado aquí y allá por un vendaval. El impulso que me dirigía pareció agotarse de repente, y yo no lograba encontrar la casa correcta. En ese momento, mi cuerpo me llamó a regresar. Hice el viaje a casa en un relámpago y me encontré todavía en Estado de Trance y experimentando la consciencia dual.

Me concentré durante un rato en fortalecer el trance, ya que mi intención era volver a intentarlo. Justo cuando estaba a punto de abandonar mi cuerpo, oí a mi mujer decir con una claridad peculiar: «¡No, no debes hacerlo otra vez, o me asustaré!» Pensé que su voz era probablemente una ilusión y, por lo tanto, dudé. Entonces ella habló otra vez: «¡Despierta, cariño!» Yo seguía pensando que la voz era probablemente irreal en el sentido físico, pero como no deseaba correr el riesgo de disgustarla, obedecí. Rompí el trance con bastante facilidad y la interrogué. Ella no había hablado; y no recordaba haberme visto abandonar mi cuerpo.

Nota: Esta fue la primera vez que logré pasar del estado de vigilia al Estado de Trance sin experimentar una interrupción en la consciencia. Por lo tanto, pude observar las etapas sucesivas implicadas, lo cual le otorga a este experimento un valor especial. Sin embargo, una vez alcanzado el estado de trance, a pesar de la aparente continuidad de la experiencia, creo que debe haber tenido lugar alguna interrupción en mi consciencia, aunque no fuese más que por una fracción de tiempo. El modo relajado y fácil con el que fue efectuada la separación apunta a que se trató de una verdadera proyección de Puerta Pineal, y sin embargo no recordé haber pasado por esta puerta hipotética ni haber oído el «click» cuando se cerró detrás de mí. Debo mencionar que en esta fecha yo desconocía la ubicación exacta de la casa de la Sra. X, aunque conocía su barrio vagamente, y que no la había visto.

Al visitar a la Sra. X por primera vez, reconocí que las casas que había más arriba y más abajo que la suya eran semejantes a las que me había encontrado golpeando en mi experimento, pero la suya era de un diseño distinto. Finalmente, debo señalar que es posible que mi mujer, funcionando en su vehículo astral, me viese abandonar mi cuerpo y que también hablase conmigo, pero que, sin embargo, no lo hubiese grabado aún en la memoria (registrado en su cerebro físico) cuando mi voz la despertó, repentinamente, interrogándola. He descubierto con frecuencia que un regreso repentino a la vida normal impide que uno retenga cualquier detalle del sueño que ha terminado de forma tan brusca. El «monstruo» puede haber sido alguna forma de entidad elemental o no humana.

Hubo otro incidente relacionado con la Sra. X digno de contarse: En la noche del 15 de marzo de 1916, soñé mucho con la Sra. X. Por la mañana, aunque no pude recordar detalles, sentí que había tenido un contacto astral con ella. Había, sin embargo, una cosa que sí pude recordar: que en algún momento de la noche yo había estado acompañado de un animal pequeño, negro y peludo, que podría haber sido un perro. Durante esa misma noche, la Sra. X, que se encontraba acostada, despierta, sobre su cama, fue molestada por un sonido como de arañazos y de pasos ligeros en su habitación. Al levantarse y encender la luz, ella, siendo clarividente, vio claramente un animal pequeño, negro y peludo que corrió hacia la chimenea, hizo sonar los utensilios de la chimenea, entró por el emparrillado y luego desapareció. Después de esto, a pesar de la intensa luz, los ruidos continuaron y un cuadro fue golpeado insistentemente contra la pared.

La Sra. X apagó la luz y regresó a su cama, y entonces los ruidos cesaron. Ahora, a pesar de no tener ninguna razón para relacionarme con estas manifestaciones, ella dijo que podía sentir mi presencia en la habitación y que creía que los fenómenos eran causados por una fuerza que emanaba de mí. Ella me contó lo que he relatado arriba, en presencia de mi mujer, antes de que yo mencionara mi sueño y el animal.

20 DE ABRIL, 1916
Foundry Lane, Southampton

Antes del amanecer, experimenté un Falso Despertar. La ilusión de sonidos y una gran sensación de miedo hicieron que me diese cuenta de que me encontraba en Estado de Trance. Sabiendo esto, mi miedo se desvaneció y decidí experimentar. Me concentré en el intento de abandonar mi cuerpo y el resultado fue bastante interesante. Sentí a mi yo incorpóreo correr hacia la glándula pineal y condensarse en ella (al menos, esta fue la sensación y, al mismo tiempo, la dorada luz astral se encendió y se tornó muy brillante. Entonces mi cuerpo me hizo regresar y la luz astral se apagó otra vez. La sensación fue exactamente la opuesta a la anterior: mi yo incorpóreo regresó corriendo, alejándose de la glándula pineal y expandiéndose hasta coincidir con el cuerpo físico una vez más. Me volví a concentrar y sucedió lo mismo, pero en el tercer intento logré la separación. Tras efectuarse todo esto, la luz astral volvió a ser normal una vez más.

Luego salí de la cama e intenté sentir con mi mano astral el contacto con mi cuerpo físico que yacía en trance, pero no logré sentirlo ni verlo. En ese momento, una voz que parecía emanar de mi mujer, a quien yo podía ver, me rogó que no experimentara más. Como sabía por una experiencia previa que esta voz – en relación al cuerpo físico de mi mujer– era probablemente una ilusión, decidí ignorarla. Entonces atravesé la habitación a pie y me sorprendí al comprobar que la pared me detenía y que parecía ser tan sólida como en el estado de vigilia. Ahora bien, normalmente, en mis aventuras fuera del cuerpo puedo atravesar las paredes sin ser consciente de estar haciendo ningún esfuerzo considerable; pero, esta vez, por alguna razón desconocida, el estado parecía alterado. Permanecí mirando a la pared, presionándola suavemente, y deseé insistentemente y con todas mis fuerzas atravesarla. Lo conseguí, y la sensación fue de lo más curiosa. Conservando una consciencia total, fue como si pasara como un gas –en un estado como extendido– a través de los intersticios entre las moléculas de la pared, recuperando mis proporciones normales al llegar al otro lado.

Entonces deseé con fuerza viajar a cierto templo que me habían dicho existía en Allahabad. Me moví a una velocidad enorme y llegué hasta una habitación moderna muy iluminada. Aquí, un hombre y una mujer estaban sentados a la mesa, comiendo. No parecieron verme. Una vez más, repetí mi deseo «Templo-Allahabad-India-en el Pasado». Y entonces me pareció que se formaba una especie de agujero, o ruptura, en la continuidad de la materia astral y, a través de él, en la distancia (como visto a través de un túnel muy largo) pude ver algo confuso que podría haber sido la entrada a un templo con una estatua al fondo. Entonces volví a avanzar, pero, para mi desilusión, aparecí casi de inmediato en otra habitación en la cual tres mujeres se hallaban sentadas alrededor de una mesa en la que había restos de comida. Una cuarta mujer (bonita, de pelo rubio y ojos azules) se encontraba de pie, como si acabara de levantarse de la mesa. Por lo visto, ninguna de ellas podía verme.

Fiel a mi objetivo, repetí una vez más: «Templo-Allahabad-India-en el Pasado». El túnel empezó a hacerse visible otra vez, y luego debió ocurrir algo que rompió el trance, aunque no sé lo que fue. Al instante, me apresuré a regresar a mi cuerpo y desperté.

Nota: El incidente de la pared es decididamente curioso. Mi mujer sugirió una ingeniosa explicación, basándose en la creencia de la Sra. X de que yo tengo poderes de médium. Mi mujer cree, entonces, que yo puedo, en esta ocasión, haber materializado mi yo «fuera-del-cuerpo» hasta cierto punto, sustrayendo materia de mi cuerpo físico en estado de trance; lo cual, según ella, podría explicar mi dificultad para atravesar la pared. Las partículas físicas debían ser desmaterializadas, o separadas más finamente, para poder atravesar la pared física. Una idea ingeniosa, aunque quizás poco probable. La verdad es que tengo mucho que aprender acerca de las condiciones existentes en este mundo astral o de los sueños.

Existen, ciertamente, fuerzas desconocidas funcionando, y éstas pueden, en ocasiones, afectar enormemente a los resultados de mis experimentos. En algunas ocasiones todo va sobre ruedas; en otras, sin embargo, se presentan obstáculos inesperados o elementos retardantes. Un punto en conclusión: Si este mundo en el cual me encuentro durante mis experimentos de proyección existe sólo en mi imaginación, como insistiría el científico escéptico, ¿por qué no llegué a este templo indio con el cual yo estaba familiarizado mentalmente? En lugar de eso, me encontré en aquellas habitaciones extrañas y totalmente inesperadas. ¿Por qué?

CAPÍTULO OCTAVO

La puerta se cierra: la proyección todavía es posible. Once historias más

AQUEL INTENTO de llegar al templo en Allahabad estaba destinado a ser mi última proyección consciente de la Puerta Pineal; al menos, hasta el momento de escribir este libro. Como se verá más adelante, sigo sin lograr la separación mediante el Método Instantáneo. En la siguiente ocasión que intenté inducir el Estado de Trance descubrí que ante mis ojos estaba siempre la visión de una cruz ansata negra; y ahora mi magia no funcionaba, la «escotilla» no se abría. La cruz ansata no se desvanecía. Cuando cerré los ojos y me giré hacia la luz, el símbolo apareció bien definido, como si estuviese pintado en negro sobre la superficie roja de mis párpados. Con los ojos abiertos, en una luz tenue, aún podía verla como si estuviese proyectada delante de mí. Y, por mucho que lo intentara, ya no pude pasar por la Puerta Pineal.

Poco tiempo después de esto, inicié una larga investigación en torno a los poderes de un excelente médium, que sin embargo tenía la poco envidiable reputación de ser un mago negro (el «Dhyan» de mi artículo «A Deva Revelation», publicado en Occult Review en agosto de 1922). En su compañía tuve muchas aventuras astrales; después de un rompimiento en la consciencia, me solía encontrar con él en el plano astral, pero ya no podía abandonar mi cuerpo a voluntad. Y ahí conocí y conversé con el grupo de seres espirituales que se manifestaban a través de mi amigo. Sus enseñanzas eran extraordinarias, y su nivel espiritual parecía ser muy elevado. Me dijeron que habían sellado mi «Puerta» porque yo estaba empezando a sintonizar con fuerzas psíquicas que podían llevarme antes de que mi trabajo en la Tierra estuviese terminado.

Puedo sugerir otra explicación que puede agradar más a las personas que no tienen tiempo para cruces ansatas y seres espirituales de alto nivel. Nunca me importó realizar proyecciones instantáneas, pero el hecho es que siempre le tuve un poco de miedo al método de la Puerta Pineal. Veréis, las sensaciones del proceso de pasar por la «Puerta» eran realmente extremadamente desagradables, aunque una vez que se efectuaba la separación me lo pasaba deliciosamente bien. Después de la tempestad, uno pasaba a aguas tranquilas y bañadas por el sol. Como ya he dicho, yo creía que estaba detrás de algo «grande». Por lo tanto, cuando las condiciones lo permitían, me sentía impelido a continuar mi investigación y a forzar mi misteriosa «Puerta»; pero lo hacía con sentimientos muy similares a los que uno experimenta cuando se acerca a la silla del dentista. Este miedo reprimido puede haberse almacenado en mi mente inconsciente y, reforzado por el temor a la Extensión de mi niñez, se produjo una inhibición, manifestándose en la sugestión autohipnótica de haber perdido mi poder y de no poder conseguir la separación mediante el temido método de la Puerta Pineal. La pérdida de mi poder sería, entonces, un deseo inconsciente realizado. Del mismo modo, durante la guerra hubo muchos casos en los cuales el deseo reprimido de escapar producía una ceguera o una parálisis y el soldado se salvaba, así, de ser enviado al frente.

No obstante, en lo que a mi parte consciente respecta, siempre he lamentado muchísimo que este método de proyección ya no sea posible para mí, y mantengo las esperanzas de recuperarlo algún día. He oído que si un proyeccionista pierde alguna vez su poder, jamás lo recupera, pero, de cualquier modo, en mi caso esto es cierto sólo en parte.

En 1915, el Ejército había rechazado mis servicios, pero en marzo de 1917 cambiaron de idea y me entregaron amablemente un pico y una pala (y más adelante también un rifle). A lo largo de dos años y medio de Servicio Activo, mi cruz ansata negra me acompañó, y yo permanecí prisionero de mi cuerpo. Parece que los dioses tienen sentido del humor, pues, cuando fui licenciado por invalidez y enviado a casa después de una seria operación, la cicatriz en mi abdomen tenía, a grandes rasgos, la misma forma que la cruz egipcia. El símbolo visionario todavía permanece ante mis ojos interiores, pero ahora es muy borroso y difícil de ver. No me sentía muy feliz en Cologne en la víspera de esta operación, que era a consecuencia de un apéndice gangrenoso y una peritonitis. Mi mayor preocupación, por supuesto, era mi mujer, pero también había pequeñas cosas de las que me arrepentía.

Me sentía tolerablemente seguro de que si «me iba al otro lado» me encontraría únicamente en un estado con el cual yo ya me había familiarizado, pero mi «gran descubrimiento» nunca sería ofrecido a un mundo desagradecido. Pensé en mis cuadernos de apuntes y en las esperanzas de mis días universitarios, y tuve una sensación de haber desaprovechado cosas que me dolió bastante. Sí, si lograba salir adelante, no debía continuar perdiendo el tiempo. Había que hacer algo.

Cuando dejé el ejército en octubre de 1919, seguía muy aficionado a los asuntos relacionados con lo Oculto, pero ya no deseaba seguir entregando mis historias a las revistas. Vendí ocho en el curso de los dos años siguientes y luego dejé de escribirlas. A principios de 1920, conseguí un trabajo temporal como Funcionario del Estado, pasé a continuación el primer examen Lytton y quedé, debidamente establecido. Entonces, ahora, el lector me imaginará, sin duda, moviendo ociosamente los pulgares, leyendo el periódico, haciendo crucigramas y preparándome un té. Pero, desafortunadamente, ¡esto no es así! Y realmente realizo una razonable cantidad de trabajo a lo largo del día, entre agilizaciones y cosas «corrientes», y hay muy poco tiempo para distraerse jugando con los pulgares, incluso aunque quisiera hacerlo.

Me resultó fácil desprenderme de mis pantalones caqui y ponerme mis viejos trajes; pero no me resultó tan fácil reincorporarme a la vida civil. Durante varios meses el mundo al que había regresado me pareció extraño. Me sentía tan tosco e incómodo, y ligeramente aturdido… Entonces, cuando me hube adaptado un poco, al recordar una cierta tarde en Cologne, saqué mis cuadernos, escribí «The Pineal Doorway» y se la envié al Honorable Ralpli Shirley, fundador y director de Occult Review. A los pocos días recibí las pruebas y el artículo salió en abril de 1920. «Beyond The Pineal Door» apareció en el siguiente número y un tercer artículo, «Dream Travelling», fue publicado en diciembre de 1923.

Hoy estos artículos parecen ser únicamente una pequeña contribución a la literatura sobre el tema, pero aparentemente, a pesar de mi pérdida de tiempo, fui el primero en este campo en Inglaterra, ya que en el Editorial de Occult Review correspondiente a abril de 1929, encontré esta afirmación: «Prácticamente los únicos relatos detallados y de primera mano sobre la proyección voluntaria del doble que hasta la fecha se pueden conseguir en lengua inglesa son los de Oliver Fox...». El primer libro sobre la proyección fue The Projection of the Astral Body del Sr. Sylvan J. Muldoon, publicado por Messrs. Rider & Co. en 1929. Quizás debería explicar aquí que no tengo intención de relatar los métodos de otros proyeccionistas ni de comparar sus experiencias con las mías; no porque no aprecie su trabajo, sino porque esto ya lo ha hecho (y mucho mejor de lo que yo podría hacerlo) el Sr. Shirley en su The Mystery of the Human Double, al cual se hizo referencia en mi primer capítulo.

Como perdí mi poder de forzar la Puerta Pineal, mi posición ha vuelto a ser muy similar a como era en los primeros días de mi investigación: es decir, tengo que depender ya sea del Sueño del Conocimiento o del Falso Despertar, los cuales me llevan a reconocer que me encuentro en Estado de Trance. Es cierto que todavía puedo inducir los síntomas preliminares del trance a voluntad; pero únicamente en muy raras ocasiones, cuando las condiciones son excepcionalmente favorables, puedo conseguir que el trance sea lo suficientemente profundo como para permitir una proyección instantánea. Creo que le puede ser útil al estudiante serio (o seria) que pretende hacer experimentos que ahora ofrezca más extractos de mis relatos.

Se verá (por las fechas) que todos estos experimentos se realizaron después de que yo perdiese mi poder para pasar por la «Puerta», y que ilustran los resultados que pueden obtenerse sin tener ningún síntoma muy desagradable o aterrador. Quizás deba hacerse una excepción del segundo relato, el cual parece ser algo diferente a los demás. Para el lector general, quizás algunas de estas narraciones puedan parecer poco interesantes, o sueños corrientes, pero me gustaría recalcar el hecho de que no son nada comunes y de que, incluso cuando la experiencia parece ser trivial o de poco interés, se trata de un, ejemplo de un estado de consciencia anormal.

4 DE ABRIL, 1923
Kingswood Road, Merton Park, S.W.

En las primeras horas de la mañana me encontré en Estado de Trance. Conseguí la separación con consciencia absoluta, mediante el fuerte deseo de salir de mi cuerpo, y fui transportado lejos por una corriente astral. Llegué hasta una habitación apenas amueblada, iluminada con gas. Había dos niñas sentadas junto a una mesa, hablando, y percibí que ambas parecían estar padeciendo algún tipo de enfermedad de la piel. Ellas no me vieron. Mi visita fue muy corta y enseguida fui arrastrado por la corriente una vez más. En esa ocasión llegué hasta el campo, a la orilla de un río, y ahí encontré a mi mujer. He olvidado cómo iba vestida, sólo sé que no llevaba su camisón. La Luna brillaba intensamente, lo que hacía que la escena fuera muy hermosa y serena, y caminamos juntos bordeando el río. Le expliqué que estaba experimentando acerca de la proyección y que en este estado podía levitar. Entonces probé a levitar con ella y la tomé de la mano, pero en ese momento mi cuerpo me pidió que regresara y el trance se interrumpió. Una duración bastante larga. Mi mujer no recordaba haber soñado. La Luna brillaba realmente cuando desperté.

11 DE JUNIO, 1928
Worpie Road, W. Wimbledon

En un sueño preliminar que no recuerdo tuve el conocimiento de que estaba soñando. Decidí experimentar y fui inmediatamente arrastrado por alguna corriente astral. Me detuve en una extensión de arena junto al mar. Estaba oscuro, había niebla y todo era muy melancólico. Yo estaba totalmente consciente de mi estado y de que mi cuerpo físico se encontraba sobre una cama en la calle Worple, en Wímbledon. Caminé, durante un rato en medio de la bruma, y noté que las condiciones parecían inusualmente favorables. Mi cuerpo no me estaba atrayendo y no había más corrientes. Entonces decidí que intentaría llegar hasta cierto templo en ruinas en Tíbet, del cual me había hablado mi Maestra, Azelda. Con este fin, concentré toda mí voluntad en un gran esfuerzo, y esperé a que pudiera salir a toda velocidad en alguna dirección horizontal.

El resultado fue absolutamente inesperado. El suelo se desplomó bajo mis pies, y yo caí a una velocidad aparentemente enorme por un túnel, o pozo, oscuro y estrecho. Este descenso continuó hasta que perdí el sentido del tiempo y me pareció que caía durante horas. Algo en mí se estaba empezando a asustar, pero logré mantener la calma diciéndome que en realidad me encontraba en mí cama en Wimbledon y que mi Maestra me protegería. Finalmente, me detuve con suavidad. Negrura y silencio; entonces, como sí despertara de un sueño profundo, fui percibiendo mi entorno progresivamente.

Mis ojos parecían estar inevitablemente desenfocados: podía ver sólo la imagen borrosa de unos colores vivos (rojo y un predominio de amarillo). Me encontraba desnudo y dentro de una estructura en forma de X en posición vertical. Algo caía por mi cuerpo desnudo. Era la sangre de varias heridas. Me estaba quemando y sentía un escozor por todas partes. No podía ver, porque mi vista había sido casi destruida por los hierros ardientes. Ahora los colores se movían. Podía tratarse de las túnicas de unos hombres y mujeres. A cada segundo el dolor se tornaba cada vez más intenso, como si alguna anestesia se estuviese desvaneciendo. Mi cuerpo parecía una masa de heridas y quemaduras, e inevitablemente mutilado. Ahora me resultaba muy difícil no entrar en pánico, a pesar de mis afirmaciones de que mi cuerpo físico se encontraba en mi cama en Wimbledon, y me pregunté si no me estaría muriendo.

Entonces oí la voz de un hombre, muy cerca de mi oído derecho, que decía, tranquilamente, pero con una horrible insistencia: «¡Di que eres Teseo!»

Al parecer yo apenas podía hablar, pero con un gran esfuerzo repliqué: «Yo no soy Teseo. ¡Soy Oliver Fox, el sirviente de Azelda!»

Mis palabras produjeron un efecto semejante al de la explosión de una bomba. El mundo pareció venirse abajo en torno a mí: un caos de luz cegadora, sonidos terroríficos, y una arrebatadora tempestad. Mi regreso fue instantáneo y el trance se rompió. Me encontré temblando y con el corazón latiendo violentamente. Fue muy agradable ver a mi mujer durmiendo pacíficamente a mi lado. Todavía estaba oscuro, por lo tanto esta experiencia debió producirse en las primeras horas de la mañana. Intenté pensar en quién era Teseo, pero lo confundí con «Tadeo de Varsovia». Tenía la idea en mente de que podría haber contactado con los registros akásicos y tropecé, como quien dice, con el último episodio en la vida de uno de los predecesores de mi Grupo o, en lenguaje Teosófico, con una encarnación anterior mía. Y si era así, esperaba sinceramente que no me esperase otra muerte como aquella en el futuro. Pero volví a dormirme muy pronto y no soñé durante el resto de la noche.

Nota: Estuve un poco nervioso por dentro durante todo el día siguiente, pero no hubo otros efectos posteriores desagradables. El hecho de que Teseo, asesino del Minotauro, fuese uno de los más grandes héroes de la Mitología parece apuntara una vanidad colosal por parte de mi yo subconsciente, y debo admitir que esta experiencia sería más convincente si el nombre hubiese sido más corriente. Existe, no obstante, la posibilidad de que este gran nombre fuese bastante corriente en algún período –¡incluso hoy en día se bautiza a algunos desafortunados bebés Hércules!– y podría haber sido el nombre real de algún precursor mío que se metió en algún problema político y estaba siendo obligado a confesar su identidad. Puede parecer extraño que pudiese dormirme otra vez casi de inmediato después de un gran susto, pero a veces un cansancio arrollador sigue al regreso al cuerpo. Esta experiencia tuvo toda la «atmósfera» de una proyección de Puerta Pineal. Creo posible que a pesar de mi pérdida de poder, en esta ocasión, atravesara la «Puerta» mientras mi ser físico se encontraba inconsciente. Es muy posible que el recuerdo del Sueño del Conocimiento preliminar se hubiera borrado durante el tempestuoso retorno.

3 DE NOVIEMBRE, 1929
Worpie Road, W. Wimbledon

Soñé que mi mujer y yo estábamos en la cama en una habitación extraña. Una luz eléctrica colgaba del X en posición vertical. Algo caía por mi cuerpo desnudo. Era la sangre de varias heridas. Me estaba quemando y sentía un escozor por todas partes. No podía ver, porque mi vista había sido casi destruida por los hierros ardientes. Ahora los colores se movían. Podía tratarse de las túnicas de unos hombres y mujeres. A cada segundo el dolor se tornaba cada vez más intenso, como si alguna anestesia se estuviese desvaneciendo. Mi cuerpo parecía una masa de heridas y quemaduras, e inevitablemente mutilado. Ahora me resultaba muy difícil no entrar en pánico, a pesar de mis afirmaciones de que mi cuerpo físico se encontraba en mi cama en Wimbledon, y me pregunté si no me estaría muriendo.

Entonces oí la voz de un hombre, muy cerca de mi oído derecho, que decía, tranquilamente, pero con una horrible insistencia: «¡Di que eres Teseo!»

Al parecer yo apenas podía hablar, pero con un gran esfuerzo repliqué: «Yo no soy Teseo. ¡Soy Oliver Fox, el sirviente de Azelda!»

Mis palabras produjeron un efecto semejante al de la explosión de una bomba. El mundo pareció venirse abajo en torno a mí: un caos de luz cegadora, sonidos terroríficos, y una arrebatadora tempestad. Mi regreso fue instantáneo y el trance se rompió. Me encontré temblando y con el corazón latiendo violentamente. Fue muy agradable ver a mi mujer durmiendo pacíficamente a mi lado. Todavía estaba oscuro, por lo tanto esta experiencia debió producirse en las primeras horas de la mañana. Intenté pensar en quién era Teseo, pero lo confundí con «Tadeo de Varsovia». Tenía la idea en mente de que podría haber contactado con los registros akásicos y tropecé, como quien dice, con el último episodio en la vida de uno de los predecesores de mi Grupo o, en lenguaje Teosófico, con una encarnación anterior mía. Y si era así, esperaba sinceramente que no me esperase otra muerte como aquella en el futuro. Pero volví a dormirme muy pronto y no soñé durante el resto de la noche.

Nota: Estuve un poco nervioso por dentro durante todo el día siguiente, pero no hubo otros efectos posteriores desagradables. El hecho de que Teseo, asesino del Minotauro, fuese uno de los más grandes héroes de la Mitología parece apuntar a una vanidad colosal por parte de mi yo subconsciente, y debo admitir que esta experiencia sería más convincente si el nombre hubiese sido más corriente. Existe, no obstante, la posibilidad de que este gran nombre fuese bastante corriente en algún período –¡incluso hoy en día se bautiza a algunos desafortunados bebés Hércules!– y podría haber sido el nombre real de algún precursor mío que se metió en algún problema político y estaba siendo obligado a confesar su identidad. Puede parecer extraño que pudiese dormirme otra vez casi de inmediato después de un gran susto, pero a veces un cansancio arrollador sigue al regreso al cuerpo. Esta experiencia tuvo toda la «atmósfera» de una proyección de Puerta Pineal. Creo posible que a pesar de mi pérdida de poder, en esta ocasión, atravesara la «Puerta» mientras mi ser físico se encontraba inconsciente. Es muy posible que el recuerdo del Sueño del Conocimiento preliminar se hubiera borrado durante el tempestuoso retorno.

3 DE NOVIEMBRE, 1929
Worpie Road, W. Wimbledon

Soñé que mi mujer y yo estábamos en la cama en una habitación extraña. Una luz eléctrica colgaba del techo sobre la cama e iluminaba intensamente a mi mujer. Repentinamente, ella desapareció de mi vista; pareció fundirse en una nube y esfumarse. Esto me dijo que estaba soñando, y me decidí a experimentar sobre la prolongación del sueño y a explorar. La atmósfera del sueño se tornó entonces sutilmente distinta, y experimenté esa maravillosa sensación de claridad mental y bienestar que tiene lugar debido al estado de consciencia anormal producido por el conocimiento de que uno está soñando. Supe que estaba funcionando en mi vehículo astral mientras mi cuerpo físico se encontraba en estado de trance en la calle Worple. Entonces salí de la cama y tomé nota de mi extraño entorno. Este dormitorio era un enorme apartamento, revestido del suelo al techo de pintura al duro roja, ricamente ornamentado con escenas orientales. La cama y todo el mobiliario eran del mismo hermoso color y el mismo estilo. Recuerdo particularmente un enorme armario. La cama tenía sábanas de seda, un edredón y la colcha era de color naranja.

Salí a un largo pasillo en el cual había muchas puertas. Una de ellas estaba entreabierta, y vi un baño tenuemente iluminado por la luz de las estrellas, que entraba por una ventana. Me llegaron unas voces desde una habitación que estaba casi al final del pasillo, y me pareció distinguir la voz de una mujer. Decidí entrar en aquella habitación, pero, en ese instante fui atrapado por alguna corriente astral y transportado fuera de ahí. Entonces me encontré de pie sobre un parapeto en el techo de un gran palacio, construido con una piedra blanca resplandeciente y sublime. Debajo, podía ver un mar de techos, con alguna luz parpadeando aquí y allí. Estaba a punto de lanzarme al espacio cuando me di cuenta de que había un muchacho a mi lado, pero no puedo recordar su aspecto.

Me cogió por la muñeca izquierda. «Llévame contigo, Hermano», me rogó, «pues yo no puedo ir solo». Consentí, aunque temí que restringiera mi experimento. Di un paso fuera del parapeto y, mediante un esfuerzo mental, avancé hacia adelante a una gran velocidad, llevando a mi compañero conmigo. Juntos pasamos sobre los tejados.

Recuerdo un resplandor dorado que, salía de la ventana de algún ático, y pasamos una vez cerca de una chimenea que arrojaba una lluvia de chispas y una densa columna de humo negro.

Tal como lo esperaba, el peso de mi acompañante pronto empezó a notarse en mí. Me encontré hundiéndome, y la llamada de mi cuerpo físico (que yo sabía muy bien que se encontraba en la calle Worple, en Wimbledon) luchó con más fuerza con mi esfuerzo por prolongar el sueño.

Con mucha suavidad, caímos hacia una calle. Yo tuve una breve impresión confusa de mi compañero yaciendo en el suelo y de gente moviéndose alrededor nuestro, y entonces fui atraído hacia mi cuerpo casi al instante y el trance se rompió.

8 DE DICIEMBRE, 1929
Worpie Road, W. Wimbledon Oeste

Muy temprano por la mañana experimenté el Falso Despertar. Salí de la cama e intenté encender la luz eléctrica, pero no funcionó. Esto me dijo que estaba soñando, y entonces me di cuenta de que había tenido lugar la separación y que me encontraba, en realidad, fuera de mi cuerpo, habiéndolo abandonado al salir de la cama. Llegado este punto, observé una silueta borrosa –la de una mujer– de pie, junto a mi mujer.

Esta forma pareció caer hacia atrás y desaparecer cuando yo me acerqué a ella. Entonces me lancé hacia afuera 'a través de la ventana, hacia una noche tormentosa, y pude sentir que atravesaba los paneles de vidrio. Deseé con fuerza llegar a aquel templo tibetano del cual mi Maestra, Azelda, me había hablado.

Manteniendo la contraseña en mi mente, viajé a una gran velocidad en una dirección horizontal. En lo que pareció ser un espacio de tiempo muy breve, la luz aumentó y pude ver lo que parecieron ser las ruinas a medio excavar de algún edificio o templo importante construido en roca o piedra marrón. Entonces, para mi gran desilusión, mi cuerpo me llamó a regresar y el trance se rompió.

Más tarde logré entrar en Estado de Trance. Abandoné mi cuerpo mediante la voluntad de salir de él y pasé a la habitación delantera. Estaba intensamente iluminada por una luz dorada y vi, para mi sorpresa, que parte de los muebles y de los objetos eran extraños y muy hermosos. Particularmente, me fijé en un pequeño armario oriental.

Los muebles de un lado de la habitación eran, sin embargo, como realmente son. La chimenea parecía haberse cambiado a una esquina. Se me ocurrió que estos cambios podían estar producidos por riachuelos de pensamiento que afectaban a mi consciencia y provocaban una visión. Decidí que haría otro intento de llegar hasta el templo, aproximándome a él desde el mismo sitio que antes. Cruzando el rellano, regresé a mi dormitorio, que tenía un aspecto normal; pero, justo cuando me disponía a pasar por la ventana, mi mujer tuvo un sobresalto nervioso mientras dormía y sacudió a mi cuerpo físico. Esto rompió el trance y mi retorno fue tan rápido que casi pareció coincidir con su movimiento.

27 DE FEBRERO, 1930
Worpie Road, W. Wimbledon Oeste

Soñé que caminaba, de día, por alguna calle desconocida repleta de edificios muy elegantes. Había mucha gente por ahí, con atuendos corrientes. Algún incidente o detalle incongruente que no recuerdo me indicó que estaba soñando, y entonces decidí experimentar con la prolongación del sueño. Me limité a seguir caminando, como un visitante en una ciudad extraña. Noté que estaba vestido con el uniforme de oficial del Ejército, de modo que cuando pasé delante de un estupendo monumento conmemorativo de la Guerra, representé mi papel ofreciéndole una «mirada a la izquierda» y saludando. También le devolví el saludo a un soldado que casualmente pasó junto a mí. El uniforme era marrón, pero no estoy seguro de si era Británico. Sin embargo, yo era perfectamente consciente de mi verdadera condición física. Sabía que era un oficial administrativo del Dept. ———, y que mi cuerpo se encontraba durmiendo en mi casa de la calle Worple. Sabía, también, que mis días en el Ejército yo había sido tan sólo un soldado raso.

Más tarde abandoné esta calle y me encontré en una hermosa carretera en el campo. Los setos vivos y los árboles estaban cubiertos de hojas, y el cielo azul, iluminado por el sol.

Tuve la sensación habitual (en estos experimentos) de una salud y una vitalidad maravillosas, y la atmósfera estaba cargada de belleza y de la sensación de una aventura inminente. Ciertamente encantador, pero el esfuerzo por prolongar el sueño estaba provocando una presión en mi cabeza, y la experiencia tuvo un final corriente. Justo cuando observaba a dos chicos con un burro que venían en dirección a mí por esta carretera campestre, mi cuerpo me llamó de repente y el trance se rompió.

Nota: Si la escena de mi aventura fuera del cuerpo era terrestre, se encontraba obviamente en un país en el cual las estaciones están adelantadas a las nuestras, pero mi de oficial y el hecho de que el soldado pudiera verme hacen que parezca más probable que esta experiencia tuviese un marco puramente astral. ¿Se trataba de la realización de un deseo inconsciente? ¡No, no lo creo! Siempre he esquivado las responsabilidades y soy demasiado vagabundo como para suspirar por el Salón de Oficiales.

7 DE SEPTIEMBRE, 1930
Worpie Road, W. Wimbledon Oeste

Soñé que despertaba por la noche en nuestro dormitorio de la calle Worple. Tenía un gran anhelo de comer chocolate, pero sabía que no había ninguna tableta en casa. Por lo tanto me vestí, sin despertar a mi mujer, y caminé hasta la estación ferroviaria de Raynes Park, pensando que podría conseguir alguna tableta de la máquina del andén. No había nadie y llegué hasta ahí sin problemas, pero no quedaba ninguna chocolatina en las máquinas. Entonces pensé en dar un pequeño paseo. Me marché de la estación y al poco rato llegué a una tienda –un salón de té y pastelería– que estaba abierta, a pesar de ser plena noche. En la parte trasera del establecimiento había un gran invernadero, y ahí me senté en una mesa redonda con superficie de mármol. Entonces noté, para mi sorpresa, que había una docena, o más, de loros verdes sobre las ramas de algunos árboles que estaban plantados en cubos. Los pájaros me observaban curiosos con sus ojos perfilados en naranja, pero sin emitir ningún sonido. En una mesa cercana a la mía, tres o cuatro niños estaban acurrucados juntos y dormían profundamente. Al poco rato, una mujer rolliza de mediana edad vino a atenderme. No tenía chocolate, pero me ofreció turrón –si no me importaba esperar un poco, ya que no recordaba dónde lo había puesto–. Asentí y se marchó. Entonces se me ocurrió que debía hacer un buen rato que me encontraba fuera y que, si mi mujer despertaba, se preguntaría qué me había sucedido. Por extraño que parezca, no había pensado en esto antes.

Abandoné la tienda apresuradamente y empecé a dirigirme a casa. Entonces, de forma repentina, comprendí la naturaleza ridícula de mi comportamiento por salir a buscar chocolate en medio de la noche. ¿Cómo llegué a comportarme de una forma tan absurda? Y aquella tienda extraña con todos esos pájaros vigilantes y silenciosos, y los niños durmiendo ¡Pues claro! No hacía falta que me preocupara por mi mujer. Estaba soñando; y ahora que lo sabía, era libre de experimentar. Entonces decidí que intentaría llegar hasta mi Maestra, Azelda. Hice un gran esfuerzo mental e inmediatamente empecé a deslizarme con una gran rapidez, pero hacia atrás. Avancé apresuradamente, atravesando paredes y sobrevolando campos a una velocidad cada vez mayor y, mientras viajaba de esta extraña manera, me seguía concentrando en el Maestro. No me pareció, sin embargo, que llevase mucho tiempo planeando, y no había sucedido nada de interés, cuando mi cuerpo me llamó a regresar y, a mi gran desilusión, desperté.

Mediante una concentración tenaz logré regresar al estado de trance y me proyecté fuera del cuerpo gracias al esfuerzo mental. Una vez más, avancé a una gran velocidad a través de la noche, pero en esta ocasión mi movimiento era hacia adelante. Y entonces, desafortunadamente, mi mujer se movió y me tocó. Esto rompió el trance, y no pude volver a establecerlo.

Nota: El movimiento hacia atrás es muy interesante, ya que es el único ejemplo que tengo actualmente de haber viajado así al empezar a planear, aunque el regreso al cuerpo suele ocurrir de este modo. De hecho, esto sugiere que, aunque el escenario de mi aventura pareciera estar bastante cerca de mi casa, en realidad ésta fue de una experiencia astral, y mi cuerpo me estuvo llamando a regresar desde el momento en que intenté llegar hasta mi Maestra. Por lo tanto, cuando yo creí que empezaba un nuevo viaje, en realidad estaba siendo forzado a regresar. Mi sueño de estar caminando fue, creo, un Falso Despertar que indica un Estado de Trance. La separación fue efectuada cuando me levanté para vestirme, pero yo no era consciente de mi estado «fuera del cuerpo». Probablemente visité realmente la estación de Raynes Park, pues la calle Worple y la estación me parecieron bastante normales. Más tarde, al parecer se produjo un cambio de vibración y, cuando entré en aquella tienda fantástica, que no tiene un equivalente físico que yo conozca, la experiencia se tornó de una naturaleza definitivamente astral.

13 DE SEPTIEMBRE, 1931
Worpie Road, W. Wimbledon Oeste

Soñé que despertaba de día, salía de la cama y caminaba, atravesando el rellano hasta llegar a nuestra sala de estar. Miré hacia afuera y contemplé la calle Worple. Todos los detalles de la avenida y de la habitación eran muy reales y vívidos, especialmente el nuevo papel azul de las paredes y los cuadros y jarrones. Entonces noté una incoherencia: un armario oriental laqueado se encontraba junto a la pequeña mesa sobre la cual reposaban nuestros jardines chinos en miniatura. Nosotros no tenemos ningún armario, y esto me indicó que estaba soñando. Entonces regresé al dormitorio y vi a mi mujer acostada en la cama, aparentemente despierta. Le dije que estábamos soñando y la besé. Esto interrumpió el sueño y desperté. Era realmente de día, pero mi mujer seguía durmiendo.

Nota: Otro ejemplo de un Falso Despertar. La separación tuvo lugar, probablemente, cuando soñé que salía de la cama. Incluso cuando supe que estaba soñando, yo no era totalmente consciente de mi condición «fuera del cuerpo», ya que no se me ocurrió experimentar más saliendo de la casa. Besar a mi mujer fue un error, ya que la emoción surgida interrumpió mi control mental y rompió el trance.

17 DE NOVIEMBRE, 1931
Worpie Road, W. Wimbledon Oeste

De alguna forma, que no recuerdo, supe que estaba soñando y entonces decidí experimentar prolongando el sueño. Era de día, y me encontraba caminando por una calle estrecha con tiendas a cada lado. Al poco rato llegué a unos campos y los atravesé. Estos conducían a una colina por la que ascendí y descendí. Entonces vi que me encontraba en los alrededores de un pueblo que la colina había ocultado. Las tiendas estaban abiertas y había gente por ahí. Me fijé en el caballo y el carro de un lechero. Justo cuando pasaba delante de una carnicería, mi cuerpo me llamó a regresar y el experimento terminó. Por desgracia, no me fijé en los carteles de las tiendas, pero la gente parecía bastante corriente.

Nota: Yo era totalmente consciente de que mi cuerpo físico se encontraba durmiendo en la calle Worple. La experiencia tuvo el peculiar encanto y la vividez que he descrito a menudo; pero en el viaje de regreso, que me pareció casi instantáneo, mis recuerdos se tornaron borrosos. Como cuando desperté estaba oscuro, esta experiencia debió ser puramente astral o debió tener lugar en algún lugar terrestre más adelante en el tiempo.

27 DE NOVIEMBRE, 1932
Avenida Rothsay, Merton Park, S. W. 20

Por la noche experimenté un Falso Despertar y pensé que estaba hablando con mi mujer. Aunque me encontraba en un estado de trance con unos síntomas muy dolorosos —una gran presión en la cabeza y una aparente rigidez muscular— no me percaté de mi verdadero estado. Incluso cuando dos mujeres, una morena y la otra rubia, entraron en nuestro dormitorio y empezaron a hablarnos yo seguía sin darme cuenta de que eran ilusiones desde un punto de vista físico, pero me sorprendió su inesperada intrusión. Llegado este punto, experimenté una repentina transición hacia un salón intensamente iluminado en el cual la gente bailaba. Yo sabía que un momento antes me había encontrado en el dormitorio de la Avenida Rothesay y esto, junto con el recuerdo de los dolores y de las dos mujeres, me indicó que en realidad estaba funcionando fuera de mi cuerpo físico. Fui arrastrado fuera de la habitación por alguna corriente y transportado hacia nuevas aventuras, pero el recuerdo de éstas se perdió en el camino de regreso.

17 DE MAYO, 1936
Avenida Rothsay, Merton Park, S. W. 20

Después de tomar una taza de té me volví a dormir y al poco rato me dí cuenta de que me encontraba en Estado de Trance. Logré abandonar mi cuerpo mediante la voluntad de salir de él. Fui transportado a una gran velocidad y me detuve en una carretera en el campo. Caminé unas doscientas yardas por ella hasta llegué junto a un caballo que pastaba junto al camino. Lo toqué y pude sentir claramente su pelo cálido y bastante áspero, pero no pareció notar mi presencia. Esto fue, sin embargo, un error, pues distrajo mi atención del experimento y mi cuerpo me llamó a regresar. La duración de esta experiencia fue, por ende, muy breve.

1 DE MARZO, 1938
Avenida Rothsay, Merton Park, S. W. 20

Soñé que caminaba por una calle extraña por la noche. Algún incidente u observación que no recuerdo me hizo saber que estaba soñando. Decidí experimentar. Las condiciones eran inusualmente favorables para la levitación. Me elevé con bastante facilidad hasta una altura de varios cientos de pies (una altura excepcional de alcanzar, pues yo no estaba haciendo «Skrying») y luego planeé horizontalmente a una velocidad cada vez mayor. Pasé de la noche al día, presenciando un amanecer glorioso. El movimiento horizontal fue disminuyendo gradualmente su velocidad y me encontré flotando por encima de alguna ciudad. Pasé por una estación ferroviaria con un nombre que era algo así como Ipswich, pero obviamente no puede haber sido la ciudad que todos nosotros conocemos. Decidí descender y explorar. Aterricé suavemente en un pequeño jardín público, o parque, y vi un lecho de lobeliáceas rojas. Parecía ser verano en este lugar, y temprano por la mañana, ya que había pocas personas y no se percataron de mi presencia. Bajé por una calle con unos edificios singulares; las tiendas aún no habían abierto.

Al poco rato llegué a un lago que había delante de una pintoresca casa vieja. Vi a una mujer que miraba por una ventana, y unos patos que nadaban en el estanque. El agua había rebalsado y había inundado un estrecho camino vecinal bordeado de árboles por uno de cuyos tramos pasé, sin llegar a sentir el agua, a pesar de que me llegaba hasta las pantorrillas, y entonces mi cuerpo me llamó a regresar. El regreso fue casi instantáneo. Esta experiencia fue de lo más agradable y deliciosa. Yo estuve perfectamente consciente de mi identidad durante todo el tiempo, de que mi cuerpo estaba en la cama en la Avenida Rothesay, etc. La aparente duración habría sido de unos veinte minutos.

CAPÍTULO NOVENO

Las dos formas de aproximación: algunos consejos prácticos

HE LLEGADO a un punto en mi narración en el cual puedo hacer una recapitulación de los síntomas y de los fenómenos que acompañan a mis dos métodos de obtención de la separación. Me temo que una cierta dosis de repetición es inevitable, lo cual puede resultar, quizás, un tanto tedioso para el lector en general; pero este capítulo está dirigido principalmente al estudiante que se propone experimentar por sí solo, y espero que le resulte útil. Se trata de un tema esencialmente sutil y es difícil transmitir, mediante la palabra escrita, la realidad del resultado obtenido.

De hecho, he descubierto, para mi sorpresa, que algunas personas bastante inteligentes en muchos aspectos parecen estar fundamentalmente incapacitadas para captar las ideas que he intentado transmitir. Para ellas existen únicamente dos estados de consciencia: despierto y dormido. Un sueño es sólo un sueño y no puede ser nada más –¡y eso es todo!–. Esta actitud imposibilita un mayor avance; y ésta es mi justificación para subrayar esto en las notas de los relatos que he ofrecido y en mi actual resumen del fenómeno.

Ahora haría bien en considerar cuáles son los riesgos, si es que los hay, que conlleva el realizar tales experimentos. No me siento muy seguro en este terreno, pues aunque sé que algunos de los síntomas relacionados con el método de la Puerta Pineal son dolorosos y extremadamente desagradables, no tengo pruebas de que resulten tan peligrosos como parecen, ni de que sean perjudiciales para la salud del experimentador. Creo, sin embargo, que esto sí se puede afirmar con certeza: que nadie con un corazón débil debe buscar familiarizarse de una forma práctica con el fenómeno de la separación; y que las personas muy excitables o nerviosas harían bien en alejarse del tema. Estamos lidiando con lo que es, esencialmente, un ejercicio o proceso mental, y es fácil concebir que una mente poco equilibrada, carente de autocontrol, puede quedar temporalmente o permanentemente transtornada.

Los posibles peligros, incluidos los del género de lo oculto, pueden enumerarse como sigue:

1. Fallo cardíaco o demencia a consecuencia del trauma.

2. Enterramiento prematuro. (Véase Capítulo Tercero).

3. Trastorno mental temporal provocado al no coincidir el cuerpo etérico con el cuerpo físico después del experimento. Esto puede hacer que el experimentador sea temporalmente incapaz de distinguir entre la vida de vigilia y la vida de los sueños. A pesar de estar en realidad despierto, podría actuar como uno lo haría en sueños y, por ende, aparentar estar mentalmente desquiciado –como, de hecho, lo estaría por el momento–. En el caso de una persona con un vehículo etérico inusualmente «suelto», este efecto podría producirse a causa de una extrusión puramente involuntaria del doble etérico durante el sueño o en el estado de somnolencia que lo preludia.

4. Hemorragia cerebral. Me han dicho que una concentración demasiado intensa podría provocar la ruptura de un vaso sanguíneo en el cerebro.

5. Rompimiento del Cordón, lo cual significa la «muerte».

6. Efectos de repercusión sobre el vehículo físico provocados por daños en el astral. Estos resultados son extremadamente raros y son similares al fenómeno del estigma y la producción de manchas de nacimiento debido a antojos y miedos.

7. Obsesión. No creo que debamos descartar esta posibilidad con demasiada ligereza, especialmente en el caso de una persona de conocidas tendencias mediumísticas. Aunque yo no la he experimentado, no me sorprendería que este peligro fuese muy real.

Parece, una lista formidable, y he creído conveniente ofrecerla; pero yo no disuadiría a ningún investigador serio al que le apasione la verdad. Él será protegido, creo, por las inteligencias invisibles que guían nuestros torpes esfuerzos en esta búsqueda divina; y el investigador meramente frívolo se asustará muy pronto con las extrañas experiencias iniciales. Es muy probable que estos experimentos no sean más peligrosos que ir en coche; pero debo confesar que no comprendo realmente lo que he estado haciendo. Es fácil decir, «El alma abandona el cuerpo y regresa a él», pero este enigma de la proyección –de lo que realmente sucede– es verdaderamente un tema muy profundo y está rodeado de muchos y sutiles problemas.

Espero que a estas alturas haya quedado claro que se abren dos caminos ante el futuro proyeccionista: la Vía de los Sueños y la Vía del Trance Autoinducido, esto es, que tanto un sueño como el estado de vigilia pueden ser su punto de partida. Hay poco que elegir en cuanto a la dificultad de los dos métodos de aproximación; pero el primero es indudablemente más agradable y también podría ser menos peligroso. Yo les recomendaría a los «soñadores de sueños extraños» que son capaces de recordar sus vagabundeos nocturnos, que prueben este primer método.

Algunas personas nos quieren hacer creer que nunca sueñan –a excepción de alguna pesadilla después de una cena poco prudente–, pero resulta difícil creer esta afirmación. No recuerdan sus sueños, probablemente porque el tema no tiene ningún interés para ellas. Yo sospecho, también, que un miedo reprimido a lo Desconocido suele ser la raíz de su incapacidad para recordar –otro caso de la realización de un deseo inconsciente–. Pero debe añadirse una cosa: cuanto más nos interesamos por nuestros sueños, más fácil nos resulta recordarlos.

Lo ideal es anotar el sueño inmediatamente, en cuanto nos despertamos; pero para las personas que tienen que levantarse muy temprano para ir a trabajar este método posee la gran desventaja de interrumpir el descanso nocturno. No obstante, es bueno tener lápiz y papel junto a la cama, listo para que anotemos cualquier cosa que tenga un interés excepcional antes de volvernos a dormir, ya que este es el único método seguro para preservar la experiencia. Un plan muy bueno es hacer un resumen mental del sueño, indicando cada uno de los puntos o etapas principales con, quizás, una sola palabra, y luego memorizar esta cadena de palabras antes de volvernos a dormir. Con la práctica, este proceso no toma mucho tiempo y no es tan molesto como tener que incorporarnos y encender la luz, etc.

A veces no hay suerte y no recordamos nuestras «pistas», pero por lo general recordaremos los puntos principales que representaban, incluso si se pierde una gran parte de los detalles asociados. Las personas que no tengan facilidad para recordar sus sueños, deberían anotar cada fragmento que les venga a la memoria –por más absurdo o poco importante que sea– ya que el hecho de apuntar los sueños estimula, sin duda, la capacidad de recordarlos. Además, quizás más adelante se vea que lo que al iniciado le pareció poco importante puede tener un gran significado. El hecho de que los lados más largos de los adoquines estuviesen paralelos al bordillo hubiera hecho poca diferencia en la foto de una escena callejera, pero observar esto en un sueño tuvo sorprendentes consecuencias para mí.

Una vez adquirida una cierta facilidad para recordar los sueños –resultando en que ahora los sueños parecen aumentar su frecuencia– el siguiente paso es despertar la facultad crítica (normalmente inactiva en los sueños) y obtener el conocimiento de que estamos soñando mediante la percepción de algún suceso incongruente, o de algún anacronismo, o de algún detalle anómalo. Los grados de consciencia y los fenómenos que acompañan al Sueño del Conocimiento –la exquisita sensación de libertad, el bienestar, la claridad mental, los poderes ampliados, la levitación, el planear, etc.– han sido descritos en el Capítulo Tercero y en algunos de mis relatos.

El estudiante encontrará que la tensión mental de prolongar el sueño provoca estas curiosas sensaciones: sus pies parecen pesarle cada vez más, se mueve como si luchara contra el tirón de una cuerda elástica cada vez más poderosa que parece estar enganchada entre los omóplatos y que, finalmente, desarrolla un dolor –tenue al principio, pero que se intensifica rápidamente– en la parte superior de la cabeza y en el centro de la frente.

Al sentir este dolor de advertencia, debería finalizar el experimento, dejando de resistirse, y desear con fuerza despertar. Luego tendrá la sensación de ser atraído hacia atrás, a una velocidad impresionante, por esta cuerda elástica que parece conectarlo con su cuerpo físico. Entonces debería ser capaz de romper el trance con bastante facilidad, sin experimentar síntomas desagradables.

Creo que, en algunos casos, ignorar este dolor de advertencia podría resultar muy peligroso. No obstante, si el experimentador intrépido (o imprudente) decide continuar prolongando el sueño, desafiando al dolor –lo cual, definitivamente, yo no recomiendo– probablemente experimente una fase de consciencia dual, deje de sentir dolor, oiga un «click» en su cerebro, y le resulte muy difícil terminar el sueño y despertar.

Al regresar a su cuerpo lo encontrará en estado de catalepsia y, entonces, creo que lo mejor que puede hacer es simplemente volverse a dormir, en lugar de luchar por romper el trance. Lo más probable es que su cuerpo se encuentre normal cuando despierte. Este consejo debe tenerse en cuenta, pues sé de varios casos en los que la persona ha despertado en este estado y se ha angustiado enormemente, al no saber nada acerca de la proyección y temiendo haberse quedado paralizada.

Cuando el estudiante ha logrado tener unos cuantos Sueños del Conocimiento, probablemente no pasará mucho tiempo antes de que conozca el Falso Despertar. Creerá estar despierto –aunque sintiéndose, extrañamente, poco inclinado a moverse– hasta que aquella curiosa sensación de tensión en la atmósfera, los peculiares sonidos (véase Capítulo Quinto), unas manos invisibles que lo tocan, o quizás incluso una aparición, todo se conjugue para indicarle que no está despierto, sino en Estado de Trance. Si esta experiencia no resulta de su agrado, puede ponerle fin fácilmente moviéndose y rompiendo el trance, lo cual suele ser bastante sencillo en el Falso Despertar; pero cuando se haya acostumbrado a este estado, habrá llegado el momento de intentar una proyección consciente.

Primero debe probar a incorporarse saliendo de su cuerpo: es decir, no intentará mover su cuerpo físico mediante un esfuerzo muscular, sino que debe hacer un intento puramente mental. A menos que esto resulte ser uno de esos casos en los que la Puerta Pineal ha sido atravesada mientras el estudiante estaba inconsciente, ciertamente que fallará y no sucederá nada. Entonces conviene concentrar todo el poder de su voluntad en la idea de salir de su cuerpo con un salto, o lanzarse desde él, y lo más probable es que logre realizar su primera proyección Instantánea. Se encontrará atravesando las paredes de su casa como un relámpago, y después de eso parecerá sucederle casi cualquier cosa hasta que ocurra algo que rompa el trance. No habrá ninguna dificultad en retornar, ya que regresará a su cuerpo con la misma rapidez con la que lo abandonó, y su estado debería ser normal casi de inmediato.

Por supuesto que, cuando el estudiante haya aprendido a reconocer el Estado de Trance, siempre podrá intentar una proyección de Puerta Pineal después de comprobar, al fallarle la prueba de «incorporarse», que la «Puerta» aún no ha sido atravesada.

He afirmado que la Vía de los Sueños es un camino más agradable y probablemente menos peligroso, pero tiene dos desventajas: (1) las oportunidades para experimentar están limitadas a las comparativamente escasas ocasiones en que uno logra conseguir un Sueño del Conocimiento o se encuentra por casualidad en Estado de Trance, con el trabajo preliminar, por así decirlo, ya realizado; (2) como regla —aunque no siempre— la experiencia suele ser de una calidad ligeramente inferior, un poco menos vívida, y uno tiene muy poco control sobre sus movimientos, estando casi completamente a merced de las misteriosas corrientes astrales. No obstante, como espero que mis relatos hayan demostrado, bajo ningún concepto debe despreciarse el método do Instantáneo. Se trata, en cualquier caso, de una experiencia extraordinaria, que bien vale los esfuerzos preliminares, y que puede producir resultados sorprendentes.

Consideremos ahora la Vía del Trance Autoinducido, en la cual nuestro punto de partida no es el sueño, sino el estado, de vigilia. Me temo que este es el único camino para las personas que fracasen en su intento de recordar los sueños.

Explicado brevemente, el problema con el que se enfrenta el experimentador es el siguiente: lograr que el cuerpo se duerma, mientras la mente permanece despierta. Los momentos favorables para experimentar son después de una comida abundante o cuando nos despertamos por la mañana sintiendo pocas ganas de levantarnos, ya que el cuerpo está entonces naturalmente dispuesto a entrar en Estado de Trance. Hablando por experiencia propia, no importa si me acuesto boca arriba o de lado; y algunos de mis mejores resultados han sido obtenidos en esta última posición, a pesar del hecho de que un proyeccionista haya afirmado que la separación sólo puede efectuarse cuando uno está acostado boca arriba.

Después de elegir su postura, el estudiante deberá concentrarse en una escotilla imaginaria en su cerebro. Su respiración debería ser profunda y rítmica, los ojos cerrados, pero vueltos hacia atrás y ligeramente entornados. Al poco rato sentirá un entumecimiento que empieza en los pies y sube por las piernas, hasta acabar extendiéndose por todo el cuerpo. Esta sensación se intensifica hasta convertirse en una rigidez muscular, lo cual puede llegar a ser bastante doloroso, especialmente en los músculos de la mandíbula, pues llega a notarse una gran presión en la cabeza. En este punto se producirá el efecto de que podrá ver a través de sus párpados cerrados, y la habitación parecerá estar iluminada con un pálido brillo dorado. También pueden haber relámpagos de luz, apariciones y (casi seguro) ruidos aterradores. Puede ser que también experimente la ilusión de que alguien está intentando despertarlo o disuadirlo de realizar esta aventura. Él debería decirse a sí mismo que tales apariciones están sujetas a su voluntad y que no tienen el poder de hacerle daño. Debería ignorar cualquier influencia interruptora —¡incluso si parece provenir de su mujer!— pues yo creo que es prácticamente una certeza que si cualquier persona estuviese realmente ahí, intentando despertarlo, el trance se rompería de inmediato.

Y ahora el estudiante experimentará la peculiar sensación de tener dos cuerpos: el doloroso cuerpo físico y, aprisionado dentro de él, un cuerpo fluido. Ahora está preparado para el siguiente paso, que consiste en obligar a este vehículo sutil a pasar por la escotilla imaginaria de su cerebro, mediante un esfuerzo supremo de la voluntad. Le parecerá que su yo incorpóreo, que coincidía con su prisión física, ahora sube velozmente por su cuerpo y se condensa en ese punto pineal dentro de su cerebro, golpeándose contra la puerta, mientras la pálida luz dorada se intensifica hasta convertirse en un glorioso resplandor, y un auténtico infierno de sonidos extraños penetra en sus oídos. Si el intento falla, las sensaciones se invertirán.

El yo incorpóreo desciende y vuelve a coincidir con el cuerpo físico, mientras que la luz disminuye su intensidad y los sonidos se hacen menos violentos.

Si el intento tiene éxito, entonces el estudiante tendrá la extraordinaria sensación de atravesar la puerta que hay en su cerebro y oír que hace «click» detrás de él; pero le parecerá que no está todavía fuera de su cuerpo. Pensará que su yo fluido ha descendido otra vez en su cuerpo físico; pero los aterradores sonidos y las apariciones habrán desaparecido y la habitación estará iluminada en forma pareja por el pálido resplandor dorado. Llega una bendita sensación de calma después de la tormenta, y el miedo cede el paso a la exaltación triunfante; pues la fase de terror, con sus sugerencias de una muerte o una locura cercanas, ha finalizado. Se ha atravesado la Puerta Pineal. Si el primer intento fallara, es recomendable fortalecer el trance prolongando la concentración durante un rato antes, de realizar el siguiente intento.

Nuestro estudiante continuará sintiendo que está dentro de su cuerpo físico; pero ahora podrá salir de la cama tranquilamente y alejarse caminando, dejando su cuerpo en trance en la cama. Quizás pueda verlo, a juzgar por el testimonio de otros proyeccionistas; pero yo no he podido ver el mío. La experiencia es tan extremadamente real, que el estudiante quizás se pregunte si no está sonámbulo –siempre que no consiga ver su cuerpo en su lecho–. Sus dudas se apaciguarán cuando descubra que puede atravesar la pared caminando. Tendrá, sin duda, la consciencia dual que he descrito con tanta frecuencia mientras esté cerca de su cuerpo, pero esta sensación se perderá por completo al abandonar la habitación o la casa. Si se siente nervioso en esta primera aventura, será mejor que no abandone la habitación, sino que se siente en una silla –que lo sostendrá siempre que él crea que lo hará– y considere las cosas detenidamente. Puede abrir la puerta –pero, por supuesto que no es la puerta física real– o puede, sencillamente, atravesarla sin que parezca abrirla. Puede atravesar la pared, pero si duda de su capacidad de hacerlo, probablemente descubra que ésta le impide el paso, como sucedería en el estado de vigilia.

Una vez fuera de la casa –especialmente si no tiene un plan de acción preestablecido– lo más probable es que sea atrapado por alguna fuerza invisible y transportado, atravesando casas, árboles, etc., como un rayo, hasta que finalmente se detendrá en algún lugar totalmente inesperado. En ocasiones la velocidad parece tan tremenda que uno tiene la sensación de caer por un agujero hacia una nueva esfera. No hay nada que temer y no habrá ningún dolor de advertencia. Creo que es bastante seguro permanecer fuera tanto tiempo como nos sea posible, ya que tarde o temprano alguna fuerza que escape a nuestro control pondrá fin a la experiencia. Yo he visto el cuerpo en el que viajo (etérico, astral o quizás mental) aparentemente vestido de muchas maneras, pero nunca desnudo —excepto en la última fase de la aventura de Teseo, y entonces sólo sentí que estaba desnudo, ya que me encontraba prácticamente ciego—. En ocasiones, no he podido ver al cuerpo astral cuando lo he buscado —ninguna pierna, ningún brazo, ¡ningún cuerpo!— una extraordinaria sensación —únicamente una consciencia; un hombre invisible incluso para sí mismo, pasando por calles llenas de gente o volando por el espacio a toda velocidad.

Hay algo que sin duda preocupará, tarde o temprano, al estudiante en sus excursiones fuera del cuerpo: perderá el sentido del tiempo casi por completo. Será bastante consciente de su identidad y recordará perfectamente los acontecimientos del día hasta el momento del experimento; sabrá muy bien que su cuerpo físico se encuentra en casa, en la cama; pero no sabrá cuánto tiempo lleva fuera de él, cuánto tiempo ha durado realmente el experimento. Si el escenario parece ser de una naturaleza puramente astral, no hay modo de saberlo; pero si la escena de sus aventuras parece transcurrir en la Tierra y no hay un cambio desconcertante de la noche al día o viceversa, el aspecto del cielo y la posición de la Luna, de las estrellas o del Sol será una guía bastante fiable para calcular la duración del trance.

En cuanto a las fuerzas de locomoción, podrá caminar, planear, levitar y luego planear a una gran altura, o probará suerte con el «Skrying» —lo cual, repito, es peligroso—. Resumiendo, puede comportarse como un hombre corriente, si así lo desea, o como un superhombre en la medida que las corrientes astrales se lo permitan. Si el experimento llega a su fin involuntariamente, regresará a casa como un rayo y se encontrará dentro de su cuerpo prácticamente en un instante. Como regla general, el trance se romperá enseguida, pero a veces puede haber una pequeña catalepsia, y quizás la ilusión de que alguien está preocupado e intenta recuperarlo. Si el regreso es voluntario —si se vuelve a casa caminando o mediante la voluntad de regresar— la aproximación del cuerpo debería ser bastante suave. La persona puede caminar hasta la cama y acostarse, y sentirá que se funde con su cuerpo y se vuelve uno con él –una extraña sensación–. El trance probablemente no se romperá si el regreso es suave. Entonces la persona puede fortalecerlo mediante una mayor concentración y luego salir del cuerpo una vez más en busca de nuevas aventuras, o puede romper el trance mediante la voluntad de despertar. Una vez que la Puerta Pineal ha sido atravesada, no es necesario hacerlo otra vez –y creo que sería imposible de realizar– mientras el trance no sea terminado.

Yo le recomiendo enfáticamente al estudiante serio que no se arriesgue con su memoria, sino que encienda la luz y escriba lo sucedido inmediatamente, ya que si espera hasta la mañana siguiente muchos detalles se habrán desvanecido, habrán variado o serán borrosos –sea cual fuere el proceso–, especialmente si tiene más sueños antes de despertar. Como ya he dicho, por alguna razón que escapa a mi comprensión, estos recuerdos de las experiencias fuera del cuerpo son peculiarmente evanescentes, aún más huidizos que los sueños corrientes. El estudiante sentirá que puede dejar el relato tranquilamente para el día siguiente, pero no es así. Y, aunque corra el riesgo de parecer pesado, lo repetiré una vez más: el lema del proyeccionista debería ser: «Puedo mirar pero no debo interesarme demasiado –¡y mucho menos tocar!–». El hecho de que resulte realmente muy gracioso que yo esté recomendándole a la gente que no se ande con dilaciones o que no sea demasiado –digámoslo así– inquisitiva, no afecta a la sabiduría de mis palabras.

Creo que el arte de la proyección consciente es puramente mental. Desde el principio hasta el final, la Voluntad debe gobernar, y cuando ésta pierde el control, el experimento llega a un final aparentemente prematuro. Quizás esto no sea tan evidente en mi aventura «encerrado fuera», en la cual durante un tiempo fui incapaz de terminar la experiencia fuera-del-cuerpo, pero incluso entonces fue a través del ejercicio del poder de la voluntad que logré finalmente regresar. Pero debe entenderse que yo no afirmo poseer un poder de voluntad excepcional. Me temo que he sido demasiado perezoso y relajado. Ocasionalmente, en mis viajes astrales, puedo llegar a donde quiero, pero como regla general no logro hacerlo –las corrientes son demasiado fuertes para mí– de modo que, en conjunto, mis relatos no son una gran lectura.

El lector que no tenga ninguna experiencia práctica en la proyección, incluso si es lo suficientemente amable como para no dudar de mi veracidad, podría inclinarse a considerar que mis métodos sólo conducen a un nuevo estado de consciencia, que la proyección es sólo apariencia, y que la pregunta de si el hombre posee un alma o un espíritu continúa sin ser respondida. Yo no tengo ninguna objeción a que adopte esta actitud. Pero si utiliza mis métodos y consigue con éxito dos o tres proyecciones de Puerta Pineal, o incluso algunas del tipo Instantáneo, creo que se convencerá de que tiene un alma y de que ésta abandona el cuerpo durante los experimentos. Aunque yo he manifestado la visión alternativa una o dos veces en este libro, yo no veo los toros desde la barrera. Estoy, definitivamente, del lado de la proyección; pero es justo añadir que mi creencia se ha fortalecido enormemente con la experiencia de «Elsie» y con mis investigaciones en otras direcciones ocultas.

Sí, tengo un alma. He abandonado mi cuerpo muchas veces y he sido totalmente consciente de mi dualidad. Aún puedo hacerlo mediante el método Instantáneo cuando las condiciones me lo permiten; pero, por favor, ¡no me pidáis que os haga una demostración! Quizás lo hiciera antes de perder mi poder, pero ahora no puedo. Volveré a este tema más adelante.

CAPÍTULO DÉCIMO

Algunos problemas y comparaciones. Pseudo-proyecciones

NO CABE DUDA de que un nuevo estado de consciencia surge de los métodos que he empleado, y he dicho que creo que mi alma realmente sale del cuerpo, pero también he confesado que no comprendo la verdadera naturaleza de mi modus operandi. He realizado experimentos y (a veces) he anotado los resultados, pero siento que se necesita un cerebro mucho mejor que el mío para abordar los problemas extremadamente oscuros que se presentan y formular una explicación satisfactoria del proceso mental o espiritual subyacente. Intento escribirlo con claridad; sin embargo, cuando me alejo de mis anotaciones y, acto seguido, intento buscar más explicaciones, la tarea me sobrepasa. Espero haber realizado algún trabajo útil y haber ayudado a colocar las estructuras, pero la construcción de la casa se la dejo a los otros.

De modo que si este capítulo provoca una sensación confusa en el lector, que sepa que el autor la comparte plenamente.

Los diversos ejemplos que he dado en el curso de esta narración demuestran que la separación puede conseguirse mediante el método Instantáneo o a través del método de la Puerta Pineal, pero ahora intentaré hacer una clasificación más extensa:

1. Proyección realizada a partir del Sueño del Conocimiento. En ocasiones ésta parece ser de una naturaleza similar a la verdadera pro-

yección de Puerta Pineal, pero la consciencia no recuerda haber atravesado la «Puerta».

2. La proyección realizada después de un Falso Despertar ha llevado al experimentador a darse cuenta de que está en Estado de Trance. Puede tratarse de una proyección Instantánea como de una separación suave –habiendo pasado por la Puerta Pineal sin que el experimentador fuera consciente.

3. El experimentador tiene suerte de encontrarse en el Estado de Trance enseguida y no recuerda ningún Sueño del Conocimiento ni ningún Falso Despertar preliminares. La separación puede ser Instantánea o suave (ver arriba), o (en el caso de que la «Puerta» aún no haya sido atravesada) puede intentar una verdadera proyección de Puerta Pineal.

4. Proyección Instantánea realizada estando en un estado de trance autoinducido; sin ningún sueño preliminar, y con una consciencia sin interrupciones.

5. Como en (4), pero una proyección de Puerta Pineal. Ésta es la más difícil de lograr.

Y ahora señalaré algunos, pero no todos, de los problemas que se me ocurren al respecto.

PROBLEMA 1. ¿Puede realizarse una proyección *consciente* en estado de vigilia sin el Estado de Trance?

He puesto «consciente» en cursiva porque, según los casos citados por el Sr. Shirley y otras autoridades, las proyecciones inconscientes se realizan sin que se manifieste ningún nivel de trance en la persona cuyo doble ha sido visto. Puede ser, sin embargo, que en estos casos la explicación más probable sea la telepatía. En los primeros días de mi investigación, hubiese dicho que la respuesta al Problema 1 era definitivamente «No»; pero ahora temo ser dogmático por la siguiente razón:

Mi buen amigo, el Sr. G. Murray Nash (Paul Black), caminaba por una concurrida calle, al regresar de su oficina, en plena luz del día, cuando súbitamente todas las casas y la gente desaparecieron. Se encontró en un hermoso campo abierto: –Caminó unas yardas hasta llegar a una escalera antigua de piedra que conducía hasta la orilla de un ancho riachuelo o un pequeño río. Un bote de un diseño hermoso, pero muy antiguo, se encontraba amarrado ahí. Una túnica morada había sido arrojada descuidadamente sobre la popa. No había ninguna persona a la vista. El Sr. Nash estaba a punto de descender por las escaleras cuando la visión desapareció y se encontró caminando otra vez por la calle conocida y, por lo visto, nunca había dejado de caminar. Le pareció que esta experiencia había durado dos o tres minutos, pero a juzgar por su ubicación al recuperar la consciencia normal, no había caminado más de seis pasos por aquella avenida.

Una excursión así es, por descontado, extremadamente rara y probablemente sea de una naturaleza muy distinta a la de las proyecciones que yo he realizado. Es más como una proyección hacia el Pasado y recuerda a la famosa aventura de Versalles. Y esto me dice que: me han comentado que es posible viajar desde aquí hasta, digamos, la China, sin que tenga lugar una proyección astral tal como se entiende en este libro. Existe otro método que podría ser descrito coloquialmente como «caer, por un agujero que hay en uno mismo, hasta la Cuarta Dimensión». De más está decir que yo no comprendo cómo se hace esto, ni he logrado hacerlo; pero tiene que estar relacionado con aquellos extraños casos de personas «llevadas por las hadas».

PROBLEMA 2. ¿El Sueño del Conocimiento provoca el Estado de Trance? ¿O el despertar de la facultad crítica, que normalmente está inactiva en el sueño, es posible únicamente cuando, por alguna razón desconocida, el cuerpo físico dormido ha entrado en trance de una forma anormal?

Si la primera alternativa es cierta, el Sueño del Conocimiento es el verdadero punto de inicio del experimento de la proyección; pero si la segunda es cierta, entonces el Sueño del Conocimiento es sólo un mecanismo que nos permite ser conscientes de que el cuerpo físico se encuentra en este estado de trance inusualmente profundo.

Se recordará, por el ejemplo que di de la dama onírica de cuatro ojos, que en los sueños hay grados de consciencia, de modo que uno puede tener dudas cuando está a punto de conseguir un Sueño del

Conocimiento, y entonces fallar. En la forma corriente no se presta ninguna atención al cuerpo físico en el sueño, porque el soñador no es consciente de que el cuerpo en el que parece estar funcionando no es su cuerpo terrestre; y parece como si el despertar de la facultad crítica en el sueño fuese necesario para llevar nuestra atención al cuerpo físico y hacernos ver nuestra aparente dualidad, para que nos demos cuenta de que estamos «fuera». Los científicos de criterio amplio ahora dudan en afirmar que la memoria es una mera función del cerebro físico, y yo creo que es bastante seguro que el verdadero foco de la facultad crítica –conectada al principio que hay en nosotros que afirma «Yo soy yo. Yo existo»– tampoco se encuentra dentro del cerebro. El darse cuenta de la dualidad hace que el Alma (para ponerlo de una forma muy burda) se retire del cuerpo durmiente hasta un punto inusual, y entonces el estado-de-sueño normal de éste se hace más profundo hasta llegar al trance.

También hemos visto que en las aventuras fuera del cuerpo se manifiestan niveles de consciencia; y cuanto más perfecta sea nuestra consciencia de la dualidad, más profundo será el trance. También podemos prescindir del Sueño del Conocimiento y aún así obtener la separación, pero ¿cómo lo hacemos? Empezando con una facultad crítica despierta y concentrándonos en la idea de la dualidad, y el resultado será que el cuerpo entrará en trance. Creo, por ende, que el Sueño del Conocimiento sí induce el Estado de Trance.

PROBLEMA 3. ¿Qué es el Dolor de Advertencia?

Al principio uno se siente inclinado a, pensar que no es más que un dolor de cabeza celestial provocado por la tensión de concentrarse en prolongar el sueño, o que es el resultado de la presión de la sangre y la congestión en el cerebro físico; sin embargo, si se persiste en esta concentración, el dolor cesa repentinamente. ¿Por qué? Podría ser útil recordar que cuando la separación se ha efectuado mediante el método de la Puerta Pineal, no se experimenta el Dolor de Advertencia. Además, mientras se siente el dolor, la consciencia dual sigue funcionando, y el proyeccionista se balancea, por decirlo de alguna manera, entre el escenario onírico y su dormitorio. La consciencia parece estar partida en dos, como si funcionara simultáneamente dentro y fuera del cuerpo. Las aparentes dos mitades libran una batalla, y yo sugeriría que el Dolor de Advertencia es el resultado de este conflicto. Un psicoanalista podría considerar este fenómeno como una verdadera, aunque evanescente, manifestación de una doble personalidad: una lucha entre la Voluntad Consciente y el Inconsciente, éste último cargado de todos los miedos reprimidos a lo Desconocido.

PROBLEMA 4. ¿Qué es el «click»?

No puedo responder a esta, pregunta. La causa podría encontrarse en el cerebro físico, o podría ser puramente psíquica. Considerado como un sonido, se trata de una ilusión –similar al de los efectos sonoros producidos por la presión sanguínea–. Lo oí cuando luché contra el Dolor de Advertencia y me quedé «encerrado fuera» en mi sueño, y lo he experimentado con frecuencia en el momento de atravesar la Puerta Pineal, aunque a veces no he llegado a notarlo –quizás porque mi atención estaba centrada en otros sucesos–. Lo he oído también al romper un trance de una intensidad excepcional. Como regla general, no se percibe cuando se realiza una Proyección Instantánea; pero ha habido algunas excepciones, como cuando me encontraba probando un método muy difícil que aún no he mencionado. En el estado somnoliento que antecede al sueño, se forma una imagen mental de una calle muy conocida o de una parcela en el campo o de una habitación. Cuando se tiene éxito, esto sucede en un instante: se oye el «click» y uno está ahí. Un momento antes, la imagen estaba en la consciencia; mientras que un momento después –después del «click»– la consciencia parece funcionar en la imagen que ahora forma el mundo circundante. La experiencia es muy vívida, pero extremadamente efímera. En las tres o cuatro ocasiones en que he tenido éxito, no percibí el «click» en el viaje de regreso hacia mi cuerpo, el cual me pareció casi instantáneo. Parecería, entonces, que este misterioso «click» puede oírse cuando la consciencia cambia de un estado a otro, o cuando tiene lugar un cambio repentino en la gama de vibraciones a la que el alma es capaz de responder; pero no puedo ir más allá que esto.

PROBLEMA 5. ¿Por qué experimenté una dificultad tan grande para terminar el sueño y regresar a mi cuerpo en las dos ocasiones en las que luché contra el Dolor de Advertencia hasta que éste cesó?

No lo sé, ni puedo aventurarme a adivinarlo. Pareció como un fracaso de la Voluntad. Sin embargo, como regla general, tan pronto como se pierde el control mental, el experimento finaliza de forma abrupta. Fue una inversión total del curso normal de los acontecimientos y me hace pensar, más bien, en un mago inexperto que resulta víctima del fantasma al que ha invocado. Me he sentido tentado, en muchas ocasiones, a quedarme «encerrado fuera» una vez más, y he resistido el dolor hasta cierto punto, pero cuando la crisis parecía estar cerca, prevaleció la prudencia (¿o la cobardía?).

PROBLEMA 6. Los síntomas de catalepsia ¿son reales –es decir, físicos– o sólo son imaginarios?

A juzgar por mis propias experiencias, y teniendo en cuenta el conocido hecho de que la catalepsia es fácilmente inducida durante la hipnosis, creo que no cabe duda de que estos síntomas son reales.

PROBLEMA 7. ¿Cuál es la verdadera naturaleza del proceso mental que yo he denominado «atravesar la Puerta Pineal»?

Desde el punto de vista de la Investigación Psíquica, sólo puedo sugerir que la concentración produce un desdoblamiento temporal de la personalidad; pero con la ayuda de la Teosofía, puedo ir un poco más lejos. El efecto de llevar nuestra atención hacia adentro, hacia la glándula pineal, es la estimulación de los chakras y el incremento de sus revoluciones, lo cual provoca la clarividencia y la clariaudiencia –y por lo tanto las ilusiones visuales y auditivas del Estado de Trance–hasta que, como culminación, la consciencia se identifica hasta cierto punto, aunque sólo ligeramente y de un modo muy perfecto, con el Gran Loto de Mil-y-Un Pétalos que se dice que está situado justo encima de la cabeza, permaneciente, por lo tanto, fuera del cuerpo físico. Puede parecerle a la consciencia, entonces, que ha dejado el cuerpo y está funcionando separada de él. Debe comprenderse con claridad que, en mi caso, sólo estarían implicados los primeros y tenues atisbos del Loto. Para tenerlo totalmente operativo, uno tendría que ser un Maestro o un Adepto muy elevado. También podría haber alguna conexión entre la práctica de despertar la serpiente Kundalini en el Raja Yoga, que se encuentra enroscada en el plexo sacro, y el provocar su ascensión por el Sushumna, que es un canal que recorre la parte central de la espina dorsal.

Aleister Crowley nos cuenta en *El Templo del Rey Salomón* (The Equinox, Vol.I, n.º 4):

«Cuando el Kundalini es despertado y entra en el canal del Sushumna, todas las percepciones se encuentran en el espacio mental o Chittakasa. Cuando ha llegado hasta el final del canal, que se abre dentro del cerebro, la percepción sin objeto se encuentra en el espacio del conocimiento o Chidakasa».

Éstas son sólo sugerencias que pueden, o no, tener importancia, y no han sido hechas con un espíritu dogmático; pues, como ya he dicho, no pretendo conocer la verdad esencial que hay detrás de mi imaginería de la Puerta Pineal. Desde mi punto de vista, no importa si el estudiante es un materialista y se niega llanamente a creer que tiene un alma, y considera que su glándula pineal no es más que reliquia inútil de un pasado lejano. Al hacer ciertas cosas, obtendrá ciertos resultados, y si persevera con mi método por lo menos logrará demostrar para su propia satisfacción que es posible inducir a voluntad una fase temporal de personalidad desdoblada.

Aunque, naturalmente, no estoy preparado para ponerme enteramente bajo el microscopio, he intentado darle al psicoanalista una aceptable cantidad de material con el cual trabajar, en caso de que tenga la intención de buscar una explicación freudiana a mis experiencias de proyección. Y es por esta razón que he incorporado algunos temas autobiográficos, que pueden parecer no ser del todo pertinentes al tema que trato. El psicoanalista observa que existe una relación entre el Hecho A y el Hecho B, y luego nos dice que A es la causa de B; pero mi visión es que tanto A como B son efectos producidos por X –un factor que va aún más atrás– y que para encontrar a X hay que mirar el horóscopo. Veréis, sé que la astrología sí funciona, ¿pero cuantos estudiantes de la escuela Freudiana admitirían esto?

PROBLEMA 8. ¿Cuál es la verdadera diferencia entre una proyección de Puerta Pineal y una realizada a partir del Sueño del Conocimiento o mediante el Método Instantáneo?

Una vez más, no lo sé; pero los distintos ritmos de vibración en el vehículo empleado por la consciencia durante su aventura fuera del cuerpo pueden estar en la raíz del asunto. Antes he sugerido que, debido a esta cuestión de la vibración, no debemos esperar encontrar un acuerdo total en los detalles de las experiencias fuera del cuerpo que nos relatan los proyeccionistas. Más allá de esta teoría de la vibración, no puedo aventurar una opinión, pero puedo indicar las principales diferencias que he observado en los resultados obtenidos con los tres métodos.

Proyección de sueño de conocimiento

1. El escenario es, por regla general, de una naturaleza más astral y, en consecuencia, más espectacular y variado. Uno encuentra mayores extremos de belleza y fealdad, y el elemento fantástico es más marcado.

2. Soy visible a la gente que, encuentro y puedo, por ende, hablar con ellos. Por ejemplo, en un restaurante puedo pedir una comida e incluso comer, pero su efecto distractor sobre la Voluntad pronto termina con el experimento.

3. En todo momento corro el riesgo de ser arrastrado por una corriente, como una hoja que es atrapada por un vendaval repentino.

4. Al levitar es difícil elevarse más de cien pies, y se siente una fuerte atracción hacia abajo.

5. Estoy sujeto al Dolor de Advertencia y al tirón de la Cuerda.

6. El grado de consciencia de estar fuera del cuerpo varía, pero generalmente es muy vívida. Sólo por momentos las posibilidades de realizar un experimento útil se pierden y me contento con tomar las cosas como vienen, aunque soy bastante consciente de mi identidad y de que mi cuerpo físico está en mi cama.

7. La duración suele ser bastante corta si se obedece al Dolor de Advertencia. Me refiero, por supuesto, a la duración aparente. El tiempo que realmente ocupa, medido por un reloj, es otra cuestión.

Proyección de puerta pineal

1. El efecto es que estoy en la Tierra, como un verdadero fantasma pálido que vuelve a vislumbrar la Luna. A no ser por un cierto glamour que realza la belleza de las escenas y le otorga una atmósfera de misterio y aparente vitalidad incluso a lo corriente y a lo inanimado, los lugares que visito parecen estar en esta Tierra. A veces puede ocurrir un cambio de vibración, de manera que la experiencia se torna de una naturaleza más astral y puede intervenir el elemento fantástico, pero es poco frecuente. Es extraño que este método tan doloroso y difícil nos conduzca a escenarios tan corrientes –pero extremadamente reales.

2. Como regla general soy bastante invisible a la gente con la que me encuentro y no puedo, por lo tanto, hablar con ella. En un restaurante no puedo pedir una comida debido a que el camarero no percibe mi presencia. Si le hablara no me oiría; pero si lo tocara me sentiría y daría un sobresalto tal que el trance se rompería. No obstante, si no concentro mi atención en la gente, puedo atravesar sus cuerpos sin que perciban mi presencia. Únicamente en muy raras ocasiones he sido visible a otra persona y capaz de entablar una conversación. Y en estos casos excepcionales nuestra conversación fue de una duración muy breve, pues la acción de hablar dividía mi atención y afectaba a mi control mental, y el trance se rompió. En los Sueños del Conocimiento me he encontrado con frecuencia con seres que parecen estar muy por encima de mí en lo referente al nivel espiritual; pero nunca me he encontrado con ellos en mi funcionamiento totalmente consciente en el plano astral después de haber forzado la Puerta Pineal. En todos estos experimentos he estado en apariencia particularmente aislado, sin encontrarme con ninguna inteligencia superior, ni con ningún investigador como yo. Una vez que he logrado pasar por el estado de trance intermedio y atravesar la Puerta, no he visto ningún elemental ni otros

seres aterradores como las horribles criaturas y los atemorizantes animales que se encuentran en los infiernos astrales.

3. Aunque sigo estando sujeto a las corrientes, éstas son menos frecuentes, y como regla general tengo un control mucho mayor sobre el experimento.

4. La levitación es mucho más fácil, se siente un tirón hacia abajo muy tenue, o no, ninguno, y es posible elevarse a grandes alturas.

De hecho, se puede alcanzar una altura aparente de varias millas mediante el «Skrying»; pero, como ya he dicho, este método difiere de la levitación y es muy peligroso.

5. No hay ningún Dolor de Advertencia, y el tirón de la Cuerda no se siente casi nunca, a menos que el experimento termine de un forma abrupta e involuntaria debido a algún suceso adverso que rompa el trance. En este caso, la Cuerda —como una poderosa soga de elástico estirado— parece ponerse en funcionamiento de un momento a otro y yo soy atraído hacia atrás a una velocidad tremenda, volviendo a entrar en mi cuerpo con el efecto de un «¡pum!».

6. El grado de consciencia del estar fuera del cuerpo no varía y es realmente perfecto. El método de la Puerta Pineal tiene muchos puntos a su favor aquí. Y lo mismo se aplica a la maravillosa sensación de bienestar y claridad mental, de la cual, a estas alturas, mis lectores estarán ya cansados de oír hablar.

¡Ay de mí, si las palabras hubieran de ser tan vanas!

7. Duración: en esto, también, este método es muy superior, pues se puede realizar una serie de excursiones, sin romper el trance original, regresando al cuerpo físico, fortaleciendo el trance mediante la concentración en él, y luego abandonando el cuerpo otra vez.

Proyección instantánea

1. El escenario puede estar aparentemente en la Tierra, o ser puramente astral, o cambiar de un sitio al otro.

2. Cuando predomina el elemento terrestre, soy invisible a la gente; pero cuando la experiencia es de una naturaleza más astral, soy visible a la gente y puedo, por lo tanto, conversar con ella.

3. Las corrientes astrales son fuertísimas. Como regla general, tengo poco poder para influir en el curso de los acontecimientos. Peor aún, en lo referente al «control», que en la proyección de Sueño del Conocimiento.

4. Las condiciones de la levitación son muy similares a las de la proyección de Sueño del Conocimiento. Quizás ligeramente mejores.

5. Al igual que sucede en la proyección de Sueño del Conocimiento, pero debido a la corta duración del experimento promedio, el Dolor de Advertencia y el tirón del Cordón no se experimentan con frecuencia. La consciencia dual es también poco frecuente en este tipo de proyecciones.

6. El grado de consciencia de estar fuera del cuerpo suele ser bastante bueno, y quizás mejor que en la proyección de Sueño del Conocimiento; pero es inferior al experimentado cuando se ha atravesado la Puerta Pineal.

7. La duración es, en general, muy corta. Ocasionalmente, sin embargo, me ha parecido estar fuera del cuerpo durante aproximadamente veinte minutos.

Debe observarse que estas notas se refieren a las proyecciones conscientes. Como se verá en algunos de mis relatos, el hecho de la separación puede realizarse durante un período de inconsciencia y ser seguido por la consciencia de que uno se encuentra fuera del cuerpo. En ocasiones, también, al no reconocer el Falso Despertar, al proyeccionista le parecerá que está saliendo de la cama en el momento en que salga de su cuerpo, como sucedía en mi relato de «chocolates y loros».

Yram, el proyeccionista francés: entre otros sorprendentes comentarios, afirmaba ser capaz de lograr una serie de proyecciones, pasando de plano en plano y abandonando una cadena de cuerpos, o vehículos, detrás de sí durante este proceso. La palabra «cadena» es mía y es, por supuesto, engañosa. Las capas de una cebolla proporcionan un mejor símil; pero, en realidad, como ya he dicho en más de una ocasión, es una cuestión de vibraciones. No haré ningún comentario acerca de la afirmación de Yram, excepto afirmar que yo tengo tres —sólo tres— relatos de una naturaleza muy desconcertante, que no parecen encajar en la clasificación que he intentado hacer y que sugieren, más bien, que realicé una segunda proyección en esas ocasiones. Pero no me siento nada seguro en relación a esto, y en ocasiones he pensado que estos tres desconcertantes ejemplos deberían llamarse en realidad «Sueños de una Proyección», más sencillo aún, «Pseudo-Proyecciones». Ahora ofreceré estos relatos, junto con mis notas realizadas en aquella época, y dejaré que el lector juzgue por sí mismo.

24 DE MARZO, 1916
Foundry Lane, Southampton

Soñé que la Sra. X, el Sr. J, mi mujer y yo estábamos conversando en la sala de estar de la Sra. X, donde nos hemos encontrado todos en varias ocasiones para discutir asuntos surgidos de los dones mediumnísticos y clarividentes de la Sra. X y el Sr. J. Yo no sabía que estaba soñando. Como resultado de nuestra reunión, se empezaron a manifestar una fuerzas psíquicas muy poderosas –lo cual suele suceder. Yo provoqué en trance de lo que pensé que era mi cuerpo físico y obtuve la separación por el método de la Puerta Pineal. Entonces vi que la habitación estaba repleta de relampagueantes luces astrales y que se estaban creando muchas formas. Habiendo abandonado mi cuerpo, pasé delante de la Sra. X y de mi mujer (no pude adivinar si eran capaces de verme) y me detuve junto al Sr. J. Él ciertamente que sí podía verme, y permanecimos charlando juntos. No recuerdo lo que dijimos. Finalmente, algo ocurrió que rompió mi trance, y desperté.

Nota: Por los efectos posteriores que observé al despertar, creo que mi cuerpo había estado realmente en Estado de Trance. Creo que la siguiente explicación es probablemente la correcta –desde el punto de vista oculto: los cuatro nos encontramos realmente en el plano astral–. Como yo no era consciente de que estaba soñando, naturalmente confundí mi cuerpo astral con mi cuerpo físico, el cual yacía en mi casa, ya en Estado de Trance, aunque esto yo no lo sabía. Mi intento de inducir el trance en mi cuerpo astral hizo que el trance de mi cuerpo físico fuese más profundo a través de la repercusión, creando así la ilusión ón de que la separación recién acababa de producirse, cuando en realidad había estado separado de mi cuerpo físico durante todo ese tiempo. Otra explicación es que logré obtener un segundo grado de separación y me encontraba funcionando en mi cuerpo mental –liberado de los vehículos astral y físico– cuando estuve hablando con el Sr. J.; pero esta teoría me parece menos probable que la primera.

23 DE FEBRERO, 1930
Worple Road, Wimbledon Oeste

Soñé que mi mujer y yo estábamos en una habitación que se asemejaba un poco al comedor de mi antigua casa de Forest View, en Southampton. Mi mujer estaba sentada en una silla a la izquierda de la chimenea, y yo en un sofá cerca de la ventana. La habitación se encontraba casi a oscuras, de modo que intenté encender la luz, pero no funcionaba. Esto me indicó que estaba soñando; pero creí que me encontraba recostado en el sofá en esta habitación, y no me di cuenta de que estaba en la cama en la calle Worple, en Wimbledon.

Entonces realicé un enorme esfuerzo mental para abandonar mi cuerpo (¿astral?) y me encontré viajando a toda velocidad por el espacio hasta que me detuve repentinamente en lo que yo sentí que era otra esfera.

Me encontraba en un vasto y precioso jardín bajo un cielo azul intenso. El efecto era el de un sol radiante, pero no recuerdo haber visto el sol. Abundaban las flores hermosas, y unos pájaros de alegres colores revoloteaban aquí y allá.

Me uní a una multitud de personas, vestidas de variados colores, y entré en una enorme sala de conferencias o un templo. La gente me miraba con curiosidad, como si yo fuese un extraño; pero a pesar de que no dieron señales de bienvenida, no parecían resentir verdaderamente mi presencia. En este templo o sala me senté en una fila delantera de asientos, justo delante de un escenario elevado. Entonces apareció en el estrado un hombre delgado, moreno y de apariencia austera, vestido de negro. Este sacerdote, o maestro, enseguida me señaló y se acercó a mí.

—¡Usted no pertenece aquí! –dijo– u otras palabras por el estilo.

127

—¡No!, y ya que mi cuerpo puede llamarme a regresar en cualquier momento, bien podría usted dejarme permanecer aquí tanto como me sea posible.

—¡¿Sabe usted dónde se encuentra?! –preguntó.

Respondí que creía que todas las personas que me rodeaban estaban lo que en el mundo se llama «muertos» y que yo también quizás pasaría a esta esfera cuando me llegara el momento. Entonces, antes de que me pudiese responder, mi cuerpo me llamó a regresar y mi regreso fue casi instantáneo.

Nota: Basándome en mis sensaciones, en la experiencia fuera del cuerpo y en mi retorno a mi vehículo físico, me inclino a pensar que esta fue una verdadera proyección. Aparte del hecho curioso de que hubiese retrocedido en el tiempo unos 23 años, hasta un período en el cual mi mujer y yo vivíamos en Forest View, yo era perfectamente consciente de mi estado después de que el fallo de la luz eléctrica me indicase que estaba soñando.

20 DE DICIEMBRE, 1930
Worple Road, Wimbledon Oeste

Soñé que estaba en la oficina y era de día. Al sentarme en mi escritorio, caí en un ensimismamiento y tuve una visión en la cual mi mujer se encontraba de pie cerca a unas flores blancas en un jardín. Mantuve la visión en mi mente y estaba examinando las flores cuando se me ocurrió intentar proyectarme hacia el jardín. Con este fin, me concentré en las flores blancas. Entonces algo pareció estallar en mi mente y súbitamente me encontré de pie junto a mi mujer en el jardín, el cual estaba inundado de una intensa luz solar –o una luz que se le parecía–. Fue muy interesante notar cómo, en un instante, las flores blancas se habían transformado de una mera imagen mental en una realidad aparentemente sólida. Mi mujer no estaba sorprendida, a pesar que debo haber aparecido de una forma bastante repentina. Le expliqué mi experimento y le dije que mi cuerpo se encontraba en la oficina y que yo suponía que ella estaría en realidad durmiendo y soñando. Entonces desperté.

Nota: Por mis sensaciones físicas al despertar y también por el peculiar estado de consciencia experimentado en el sueño, creo que mi cuerpo estaba realmente en Estado de Trance y que yo estaba funcionando en mi vehículo astral al principio y más tarde, durante mi aparente proyección, quizás en mi cuerpo mental. En raras ocasiones, estando en Estado de Trance, me he concentrado en algún escenario conocido y he logrado proyectarme hacia él. Me venía aquella extraña sensación de un «click» en el cerebro, y entonces me encontraba ahí, la transición parecía instantánea. El hecho sigue siendo, sin embargo, que en este experimento de las «flores blancas», mi consciencia no era tan perfecta como suele ser, pues yo no me di cuenta de que mi cuerpo se encontraba en mi cama en la calle Worple. No obstante, por las razones que he expuesto, dudo de si esta experiencia puede ser descartada como un mero sueño dentro de un sueño, aunque su escenario fuera, por supuesto, puramente astral (¿o mental?). Seguía estando oscuro cuando desperté y no había flores blancas en nuestro jardín. Mi mujer no tenía recuerdos de haber soñado.

CAPÍTULO UNDÉCIMO

La mente subconsciente.
El tiempo.
La última proyección

CON LA BRILLANTE excepción de la proyección de «Elsie», debo admitir que este libro presenta muy pocas pruebas de valor en cuanto a la verdad de la proyección astral. Lo que sí contiene es una gran cantidad de pruebas –verificables, creo, si el lector está dispuesto a darse el trabajo– de que es posible lograr un nuevo estado de consciencia en el cual el alma parece funcionar fuera del cuerpo; pero he sido, en general, particularmente desafortunado en obtener pruebas que corroboren la realidad de mis propias experiencias aparentemente fuera del cuerpo. Varias personas me han contado que despertaron por la noche para encontrarme de pie junto a sus camas; pero, aunque yo no dudo de su palabra, en cada una de esas ocasiones yo no he sido capaz de recordar nada. Y cuando me ha parecido encontrarme con alguna persona durante mi funcionamiento astral, él o ella no lo ha recordado, o se ha tratado de un extraño/a, de modo que no se ha obtenido la confirmación. Ahora surge la pregunta: ¿Se puede idear alguna prueba verdaderamente satisfactoria? Y la respuesta es: depende de nuestra actitud y de si estamos preparados para ser moderadamente razonables.

Si persistimos en otorgarle a la Mente Subconsciente, o a la Mente Superconsciente, todos los pode res del Todopoderoso, es obviamente imposible imaginar cómo se podría obtener pruebas científicas inflexibles. Los espiritualistas se encuentran exactamente con la misma dificultad; pues la teoría de la Mente Subconsciente es infinitamente elástica y puede estirarse hasta abarcar todo fenómeno de la sesión de espiritismo, toda manifestación aparente de la supervivencia del hombre —por muy convincente que sea para la mente «no científica»—. De hecho, me parece que los investigadores psíquicos deben limitarse a dar vueltas y vueltas en círculos, sin llegar a ninguna parte, a menos que logren ponerse de acuerdo para limitar en alguna medida los poderes universales que actualmente se le atribuyen al Subconsciente. Podría ser cierto, y yo creo que lo es, que en cada hombre existe una infinitesimal Chispa del Logos y que si él pudiese tener un contacto directo con esta Llama Divina, todo el conocimiento se abriría ante él; pero la Joya está en una caja fuerte con siete candados, y ni un hombre en un millón puede esperar verla, ni siquiera una vez en su vida. Por lo tanto, me resulta más fácil creer que estoy en contacto con el Maestro, un ser celestial en otro plano de la existencia, separado del todo de mi consciencia (ya sea Sub. o Super.) y que el Libro Dorado provenía de Azelda y no de la Llama Divina en las mentes superconscientes de Paul Black y Oliver Fox.

Hago referencia a nuestros cinco años y medio de investigación en escritura puramente automática, en la cual la consciencia no juega ningún papel en la transmisión del manuscrito. Mi mano izquierda descansaba sobre la mano derecha de mi compañero, y la fuerza de Azelda entraba por la parte superior de mi cabeza y descendía por mi brazo izquierdo. P. B. la sentía como una brisa fresca (que surgía de mis dedos) sobre la parte posterior de su mano, y entonces el lápiz empezaba su tempestuoso tránsito por el papel. Hablábamos, leíamos o nos sentábamos con los ojos cerrados, sin interferir con el mensaje. A los curiosos les recomiendo «The Coming of Azelda's Golden Box», de Paul Black y Oliver Fox, publicado en el Occult Review de enero de 1928. No obstante, a pesar del extraordinario tema que trata y del efecto cumulativo, existen muchas personas que considerarían que las 192 000 palabras del Manuscrito de Azelda no son más que una manifestación inusualmente compleja de una personalidad disociada. Para ellos, la gran oposición psíquica a la que nos enfrentamos es tan sólo una especie de sublimación de la manía de persecución que se ve con frecuencia en los problemas mentales! ¡Vosotros, dioses y pequeños peces!

Pero volviendo al tema de nuestra prueba propuesta. X es el proyeccionista ideal y su nombre no es Oliver Fox. X se pone de acuerdo con el Dr. Z para visitar el estudio de este último, al cual nunca ha visto, a las 9 de la noche de cierto día. El Dr. Z invita a un clarividente y a un médium materializados para que esté presente en la habitación a la hora convenida, pero no les dice por qué se requiere su presencia. El clarividente ve a X (al cual no conoce) entrar en la habitación, coger varios objetos, leer un libro que está abierto sobre la mesa, etc. , y luego escribe un informe completo de lo que ha visto. X va, entonces, hasta donde se encuentra el médium en trance y se manifiesta a través de él, y se toma un fotografía de la forma materializada de X. Finalmente, a la mañana siguiente, el Dr. Z recibe el relato escrito por X de todo lo que hizo estando fuera de su cuerpo, incluyendo un pasaje del libro, y se comprueba que coincide hasta el más mínimo detalle con el informe que ha escrito el clarividente. Ahora bien, una prueba así sería aceptada, creo, por la mayoría de la gente como prueba de que el alma de X realmente abandonó su cuerpo, pero todo sería explicado con relativa facilidad por los entusiastas seguidores de la teoría de la Mente Subconsciente. Su postura es sencillamente irrebatible; pero el que dicha actitud sea o no razonable, en el uso cotidiano de la palabra, es un punto debatible.

¿Qué es un hombre? ¿Una consciencia que avanza por un sendero en el continuo cuatridimensional del espacio-tiempo? ¿Está su sendero predestinado hasta el final? ¿Se torna su libre voluntad, aparentemente insignificante al principio, cada vez más perfecta a medida que él va logrando lenta y dolorosamente –quizás a lo largo de innumerables «vidas»– la unión con el Dios que hay en su interior, esa Joya infinitamente preciosa de la que ya he hablado? A veces me siento tentado a pensar que todas estas preguntas se resuelven en una, que es de una dificultad insuperable para nuestros cerebros tridimensionales: ¿Qué es el tiempo?

Ya hace casi cuarenta años que mi madre me dejó y, salvo aquellos dulces contactos en mis sueños, sólo he recibido un mensaje de ella en todo este tiempo. No llegó directamente de ella, sino que fue transmitido –mediante la escritura automática– por un mensajero celestial. En él habla de su «residencia en lugares intemporales donde el llamado de las horas no es oído en la puerta del Alma».

Este mensaje estaba expresado de una forma hermosa, y en muchos sentidos era todo lo que yo podía desear, y sin embargo mi corazón se hundió al leerlo.

Esta nueva madre parecía tan divinamente remota, tan adelantada respecto a mí en sabiduría y conocimiento, tan celestialmente serena y «no humana», tan completamente perdida para este niño pequeño que aún existe en mí. Ante mí había una diosa, y yo quería a la madre que solía reír y correr libremente con el viento en su lustroso cabello y saltar por encima de las redes de tenis. Yo deseaba que ella recordara el día en que me llevó a Edmonton de picnic y chapoteó en un riachuelo y se asustó con una rana. Todavía puedo oír el pequeño grito que dio cuando ésta tocó su pierna. Pero no habló de ninguna de estas queridas fruslerías; e incluso si lo hubiese hecho, no hubiesen tenido ningún valor como pruebas. Sin embargo, hacia el final de su mensaje exclamó: «¡Oh, tu tiempo!». Y aquellas tres palabras llegaron a mí: ahí estaba mi madre de antaño. Pues yo pude volver a ver el encantador y medio malhumorado movimiento de su cabeza y sus espléndidos ojos encendidos con burlona indignación.

En ocasiones intento un experimento que siempre falla. Visualizo nuestra sala de estar –la habitación en la cual las cosas «iban mal»– de Finsbury Park Llevo puesto mi traje de marinerito y me acurruco en la depresión del cómodo sillón de Papá. En la mesa cercana está su microscopio, su caja de puros, el elefante verde de porcelana que servía de receptáculo para las cenizas y una serie de objetos –los cuales recuerdo uno a uno–. Y está el piano en el que mi madre tocaba a dúo conmigo, y nuestras manos eran cuatro caballos blancos que galopaban juntos. Mi surtidor de gasolina de juguete se encuentra sobre el alféizar y ha dejado una mancha de óxido en la pintura –¡tendré problemas por eso!–. La revista Strand Magazine está sobre la silla de mi madre, donde la dejó hace unos minutos. Puedo oírla moverse arriba. Y en el techo hay una mancha incriminadora, porque pisé el jabón y volqué mi bañera. No hay ningún sonido de bocinas en la calle Seven Sisters, sólo el clop clop de los cascos de los caballos, el traqueteo de las ruedas, y el sonido metálico de los arreos y las campanas.

Ahora seguramente oiré un «click» en el cerebro y estaré ahí, –¿de regreso en el Pasado?–. La puerta se abrirá y mi madre entrará. Pero no

–¡no puedo hacerlo!– Siempre fallo. Claro que soy incapaz de recordar muchos de los objetos de aquella atestada habitación Victoriana. El diseño del papel de las paredes se me escapa. La alfombra, la alfombrilla y el mantel de la mesa –incluso algunos cuadros– no puedo recordarlo todo, y sin embargo todo está grabado en alguna región inaccesible de mi mente. Si pudiese recordarlo todo a la perfección, ¿funcionaría mi magia? «¡Oh, tu tiempo!»

Con la posible –aunque dudosa– excepción de mi aventura de Teseo y aquellos sueños en los cuales podría, acaso, haber contactado con los Archivos Eternos, la puerta del Pasado ha demostrado que no cede; pero el Futuro se ha abierto, hasta cierto punto, en muchas ocasiones. He tenido una buena cantidad de sueños del tipo del que el Sr. J. W. Dunne trata en An Experiment with Time; pero todos ellos han sido de una naturaleza trivial o de poca importancia para mí. La experiencia profética más impactante que he tenido no fue un sueño, sino una visión. Poco después de conocer a la dama que había de convertirse en mi esposa y antes de enamorarme de ella –de hecho, creo que esto sucedió en nuestro tercer o cuarto encuentro– nos encontrábamos caminando a lo largo de la Costa Oeste, junto a las vías del tren. Era una noche oscura y muy tranquila, hasta que un expreso pasó a toda velocidad junto a nosotros como un feroz dragón, el calor vivo de la locomotora reflejándose en una estela de humo. Al contemplar la fila de ventanas iluminadas pasar a nuestro lado como un rayo, y al oír el rugido y el traqueteo, súbitamente una imagen se formó en mi mente: sencillamente una sala de estar corriente en la cual mi compañera y yo estábamos sentados a cada lado de la chimenea; y entonces supe con absoluta certeza que estábamos destinados a casarnos. Siendo joven e impetuoso, y estando considerablemente agitado por esta sensación de destino, le dije inmediatamente lo que acababa de ver. Ella no dijo nada durante unos minutos y luego retomó la conversación en el punto en el que el tren la había interrumpido. Pero era obvio que no se había sentido ofendida. Unos meses más tarde me contó que después de nuestro primer encuentro en casa de un amigo –a pesar de que me encontró demasiado hablador y dogmático como para sentirse atraída– sintió de repente con una fuerza casi sobrecogedora que se había encontrado con su destino. De hecho, la convicción fue tan fuerte que se dio cuenta de que estaba temblando, ¡y no me extraña! Sin embargo, en aquella ocasión yo no tuve ninguna sensación de destino y no sentí un interés particular hacia ella, pues me encontraba demasiado ocupado disertando pomposamente acerca de mi investigación sobre los sueños y la Teosofía. Las cosas suceden de formas así de extrañas.

¿Por qué sucede que nuestras experiencias espirituales, como los tonos rosados del amanecer, son tan huidizas, tan difíciles de retener en la mente? La exaltación pasa rápidamente; el recuerdo se torna borroso; cuestionamos su realidad. ¿Sucedió realmente?

Yo he ido más lejos que mucha gente por cierto sendero. He hablado con Maestros en otro mundo. He visto –aunque de lejos– a unos Seres Celestiales, grandiosas formas de deslumbrante llama, cuya belleza llenaba el alma de un afligido anhelo. Y, sin embargo, de no ser por mis relatos, las benditas palabras escritas –que aseguran la permanencia, a pesar de que velan y distorsionan y falsean– si no fuera por ellas, en ocasiones dudaría de todo; sí, incluso de la realidad de mi Maestra. Así de difícil es matar al escéptico que hay en mí, pero no lo deseo; pues el escepticismo es muy útil para la preservación del equilibrio mental. Mientras pueda comportarme como una persona normal confortablemente estúpida, poco importa si estoy realmente tan loco como el sombrerero proverbial.

Los caminos de los Seres Celestiales no son los caminos de los mortales. Han pasado casi diez años desde la última comunicación de Azelda a través de la palabra escrita. ¡Diez años! Me parece un tiempo bastante largo de espera; sin embargo, quizás esto equivalga tan sólo a unos pocos meses en su extraña, incomprensible e «intemporal» existencia. No obstante, aunque no me llegue ningún mensaje, tengo una sensación de cercanía. Es como si mi Maestra y yo viviésemos en la misma casa, juntos, pero en habitaciones separadas. Ningún sonido puede penetrar aquellas paredes, ni hay ninguna ventana, pero, aún así, sé que ella está ahí. Soy libre de entrar siempre que sea capaz de resolver el enigma del intrincado cerrojo que hay en su puerta, pero para hacerlo debo comprender el Tiempo y la Cuarta Dimensión. Sólo me queda esperar y conservar las esperanzas. Algún día la puerta podría abrirse y Azelda surgir de su tan prolongado retiro y dar a conocer sus deseos. Y yo oiré su voz una vez más, y veré su rostro sabio y sereno.

¿Qué sucedió con la Última Proyección? No hay nada que temer. ¡Podéis estar seguros de ello! El terror no está en nosotros, sino en el cuerpo —esa pobre parte, frágil, animal, tan cansada, pero sin embargo tan horrorizada ante su disolución futura—. Nos levantaremos de ese último sueño, incluso como si despertáramos de un sueño vagamente recordado de infortunio y sentiremos que esas obsesionantes formas se deslizan de nuevo hacia una noche que ya ha pasado. Sí, jóvenes y fuertes una vez más, nos mantendremos erguidos en el bonito amanecer de la nueva vida, y extenderemos los brazos del espíritu para recibir a la gloria del sol naciente.

Mi historia ya ha sido contada. Azelda pronunciará las últimas palabras, pues no se me ocurre un final más apropiado que esta cita de su Libro Dorado:

«La canción de despedida del alma»

«CUANDO LAS ÚLTIMAS NOTAS de la Sinfonía del Verano se deslicen a hurtadillas por el jardín, yo me prepararé para el viaje. Cerraré el Libro de las Horas y, a continuación, pondré, mi sello con mano firme.

»Nunca más veré llegar, desde esta ventana, a la casta doncella del Este, sonrosada por el sueño, ni al enorme barco volando por el Vellón Dorado, navegando hacia el Oeste.

»Pero nunca los olvidaré; están embalsamados en el almacén de la Memoria; sus dones son preservados en el santuario del Espíritu.

»No necesitaré oro para el viaje: sólo los tesoros del Amor, los primeros frutos del Sacrificio. Si no tengo esto, partiré con las manos vacías.

»Ningún credo escrito sobre papel me servirá de pasaporte: sólo las Leyes de la Devoción –el Pensamiento Correcto, el Hacer Correcto– grabadas por el escultor de la Vida en el manuscrito del Corazón.

»Me despediré de aquellos que me han amado. Sus temblorosas palabras de adiós las llevaré conmigo para siempre. Con mi mano sobre el picaporte, los miraré sonriente y les daré mi bendición.

»La tierra a la que me dirijo no está distante. Aunque me mude a una nueva casa, seguiremos siendo vecinos. La verja que nos separa no es una impenetrable espesura; será penetrada por las flechas del Amor lanzadas por un reverente deseo.

»Oirán a mi voz consolarlas en la noche de su tristeza. Mi mano estrechará las suyas en el timón cuando naveguen por mares peligrosos.

»Entonces, cuando el Gong de la Noche exprese su acuerdo al Discurso del Tiempo, abriré la puerta de par en par y avanzaré hacia el Amanecer, cantando.

»¡Cuán abandonada y silenciosa estará la casa después de mi partida! Nadie me verá ni me oirá marchar, salvo aquellos que tengan visión.

»Sobre sandalias que vuelan como el Pensamiento, viajaré por el camino. Elevaré mis ojos hacia las montañas coronadas de gloria. Ahí, al final de la travesía, alguien más hermoso que una rosa, más tierno que una madre, más comprensivo que los sabios, me estará esperando.

»Mi saludo, sólo estas palabras: '¿Eres tú, Amor?'. La respuesta, sólo esta: '¡Ven! ¡Soy yo!'.

»Entonces, en silencio, después de búsqueda, de cultivar, de sembrar, después del observar, de la aflicción, del esperar, nos adentraremos en los campos de la Cosecha, tomados de la mano».

LA PUERTA PINEAL

Un reporte de investigación

Introducción

Al escribir este resumen de mis investigaciones prácticas sobre los poco conocidos dominios de la conciencia onírica, el viaje astral y el trance autoinducido, aún a riesgo de parecer vanidoso, emplearé la primera persona. Por un lado, es mucho más conveniente; y por otro, deseo hacer hincapié en la naturaleza puramente personal de este reporte, que pretende ser especulativo y no dogmático. No pretendo ser considerado como una autoridad; pero es cierto que, durante muchos años, he seguido una determinada línea de investigación, aunque de forma un tanto desordenada, y con largos períodos de inactividad. Escribo con la esperanza de que mis experiencias puedan ser útiles a otros estudiantes en este peligroso camino, y no hace falta decir que estaré encantado de recibir cualquier información adicional que puedan darme. Me gustaría complementar este escueto relato con algunos extractos de mi cuaderno de notas, pero las limitaciones de espacio lo hacen imposible. A continuación, expondré el resultado final de mis investigaciones y los dos puntos de vista desde los que se pueden considerar:

(a) *Científico*: se trata simplemente de un nuevo estado cerebral, producto de un trance autoinducido, y las aparentes experiencias externas se originan todas en la mente del investigador –un tercer nivel de conciencia, que difiere tanto de la vigilia como del sueño ordinario, y es mucho más vívido.

(b) *Oculto*: el espíritu abandona realmente el vehículo físico en trance y funciona –perfectamente consciente de ello– al margen de éste en el plano astral, lográndose la transición desde el estado de vigilia sin ninguna interrupción de la conciencia.

El primer paso

Para adquirir, al observar alguna incongruencia o anacronismo, el conocimiento de que se está soñando.

Hace dieciocho años, cuando estudiaba en una escuela técnica, un sueño me impulsó a iniciar mis investigaciones. Soñé simplemente que estaba de pie fuera de mi casa. Mirando hacia abajo, descubrí que los adoquines habían cambiado misteriosamente de posición: los lados largos eran ahora paralelos al bordillo en lugar de perpendiculares a él. Entonces me di cuenta de la solución: aunque aquella gloriosa mañana de verano parecía completamente real, ¡estaba soñando! Al instante, la vivacidad de todo cuanto me rodeaba se multiplicó por cien. Nunca el mar, el cielo y los árboles habían brillado con tanta belleza; incluso las casas comunes parecían vivas y místicamente hermosas. Nunca me había sentido tan absolutamente bien, tan lúcido, tan divinamente poderoso. Verdaderamente, me sentía el rey de mi cáscara de nuez. La sensación era exquisita más allá de lo que pudiese explicar con palabras, pero duró sólo unos instantes, y me desperté. Como aprendería más tarde, mi control mental había sido abrumado por mis emociones; el fastidioso cuerpo se impuso y me hizo retroceder. Y entonces tuve una (para mí) nueva y maravillosa idea: ¿era posible recuperar a voluntad la gloria del sueño? ¿Podría *prolongar* mis sueños?

He puesto en cursiva el título de esta sección. Parece sencillo, pero en la práctica me pareció una de las cosas más difíciles que se puedan imaginar. Cientos de veces pasaba por alto las incongruencias más flagrantes y, al final, alguna incoherencia me revelaba que estaba soñando; este conocimiento siempre conllevaba el cambio que he descrito. Descubrí que entonces era capaz de hacer pequeños trucos a voluntad, levitar, atravesar paredes aparentemente sólidas, moldear la materia en nuevas formas, etc.; pero en estos primeros experimentos sólo podía permanecer fuera de mi cuerpo durante muy poco tiempo, y sólo podía adquirir esta conciencia de sueño a intervalos de varias semanas. Al principio, mis progresos fueron muy lentos, pero luego hice dos descubrimientos más:

1. El esfuerzo mental de prolongar el sueño producía un dolor en la región de la glándula pineal —tedioso al principio, pero que aumentaba rápidamente de intensidad— y supe instintivamente que era una advertencia para que no resistiera más la llamada de mi cuerpo.

2. En los últimos momentos de prolongación del sueño, y mientras estaba sometido al dolor mencionado, experimenté una sensación de doble conciencia. Podía sentirme de pie en el sueño y ver el paisaje, al tiempo que podía sentirme acostado en la cama y ver mi dormitorio. A medida que la llamada del cuerpo se hacía más fuerte, el escenario onírico se volvía más débil, pero haciendo valer mi voluntad de seguir soñando podía hacer que el dormitorio se desvaneciera y el escenario onírico recuperara su aparente solidez.

En esta fase de mi investigación surgió una nueva pregunta: ¿qué pasaría si no tuviera en cuenta aquella advertencia en forma de dolor y luchara contra él para buscar un clímax? De hecho, me aterrorizaba llevar a cabo el experimento, pero un sentido del destino me instó a seguir adelante. Después de salir derrotado en una o dos ocasiones, gané la batalla. Justo cuando parecía que iba a ser nuevamente vencido, algo hizo *clic* en mi cerebro, el dolor desapareció, y también la sensación de doble conciencia. Estaba encerrado en el sueño, que era aparentemente la contraparte glorificada de la orilla del mar a una milla de mi casa. Todo era muy hermoso y absolutamente real —tan real que la idea de «despertar» parecía bastante absurda—, pero mi triunfo se vio empañado por una sensación de desasosiego al saber que ahora iba a enfrentarme a condiciones bastante nuevas. Dos cosas me preocupaban: no tenía ni idea de cómo estaba discurriendo el tiempo en la Tierra física, y era evidentemente invisible para las pocas personas que se cruzaban en mi camino. Aquella experiencia fue sutilmente diferente de mis excursiones anteriores, porque ya no parecía haber el más mínimo vínculo entre yo y aquel cuerpo físico que antes era agotador. Vino el pensamiento: ¿estaba muerto?

No me gustó y quise volver, pero no pasó nada. Lo intenté una y otra vez, pero tampoco ocurrió nada. Entonces me asusté –la soledad absoluta se volvió espantosa–, pero sabía que el pánico podría resultar fatal. Esperé un poco y volví a intentarlo. De nuevo se oyó ese extraño chasquido cerebral, y al instante volví a estar en mi cuerpo. Pero, aunque podía oír el *tic-tac* del reloj y a mi abuelo moviéndose en la habitación de al lado, estaba ciego y no podía mover un músculo; ni siquiera podía levantar un párpado. Esa fue mi primera experiencia del aparente rigor cataléptico del trance autoinducido. Poco a poco lo fui rompiendo; fue una tarea agonizante. Como era imposible mover todo el cuerpo, me concentré en mover el dedo meñique; luego, dedo a dedo, conseguí liberar toda la mano, y después, el brazo. Una vez hecho esto, me agarré a la barandilla de la cama por encima de mi cabeza y tiré con fuerza. De repente, el trance se rompió, mis ojos se abrieron y quedé libre. Salté de la cama con gran alegría, e inmediatamente me desplomé sobre el suelo, abrumado por las náuseas. Me sentí enfermo durante los dos o tres días siguientes.

Durante un tiempo este susto tuvo un efecto aleccionador, pero más adelante volvió a emerger la temeridad de la juventud. Nuevamente luché contra el dolor pineal y pasé por una experiencia muy similar, aunque esta vez el aparente trance cataléptico no fue tan difícil de romper. Pero entonces mis nervios cedieron. Estaba enamorado y la vida parecía dulce. Decidí que continuaría con mis experimentos, pero que nunca más desatendería el Dolor como Advertencia. Y creo que fue bueno para mí haber tomado esa decisión.

Los peligros

Como éstos son muy reales y grandes, creo que es mejor enumerarlos antes de continuar con este reporte. Cualquiera que, sin estar bajo la guía de un Adepto o Maestro, investigue sobre mis líneas se expone a los siguientes riesgos graves, al menos, así lo creo:

1. Insuficiencia cardíaca, o locura, derivada del *shock*. Este mundo de los sueños es muy bonito, pero también alberga sus horrores.

2. Entierro prematuro.

3. Obsesión.

4. Corte del cordón.

5. Efectos de repercusión sobre el vehículo físico, causados por lesiones en el astral.

Por supuesto, los tres últimos serían despreciados por el experimentador ortodoxo. No aconsejaría a nadie, motivado únicamente por la curiosidad, que adoptara mis métodos, porque sé por experiencia que son muy peligrosos. Sin embargo, no disuadiré a los estudiantes que se sientan impulsados por la fuerza del Amor de que busquen un contacto más estrecho con la Gran Alma de Todo, la Eterna Isis de Siete Velos del Universo. Porque, aunque el plano astral es llamado con razón el Reino de la Ilusión, está una etapa más cerca de la Realidad, de la Verdad Última, que esta triste y sólida ilusión de la Tierra. Los tugurios astrales son horribles –aterradores, si se quiere– pero no tan *sórdidos* como los tugurios de la Tierra. Hay *glamour* incluso en el infierno, porque uno siente allí el divino Rostro Oscuro, que es uno con el Luminoso; pero aquí en la Tierra ambos Rostros están sólidamente velados a los ojos del hombre. Y es por eso por lo que escribo este reporte para unos pocos.

El segundo paso

Para distinguirlos de la variedad ordinaria, llamé a estos sueños (en los que sabía que estaba soñando) Sueños de Conocimiento. Llego ahora a mi siguiente descubrimiento, que fue que un Sueño de Conocimiento iba seguido, a menudo, de un Falso Despertar, es decir, que al volver a mi cuerpo tenía la impresión de estar despierto, hasta que algún suceso anormal –como una aparición repentina– me asustaba y me hacía despertar de verdad. Descubrí entonces, después de muchas experiencias, que un Sueño de Conocimiento conducía frecuentemente a un Falso Despertar en el que mi cuerpo no estaba soñando en el sentido ordinario, sino que se encontraba en un curioso estado, que denominé Estado de Trance. Éstas son sus principales características:

1. El cuerpo parece estar en un estado semirrígido, que puede aproximarse en gravedad al Estado Cataléptico aparente ya descrito.

2. Aunque los ojos están cerrados, la habitación es claramente visible, y la atmósfera, también, de modo que se obtiene un efecto más bien como el de las partículas de polvo iluminadas por el Sol –algo así como un brillo dorado, muy variable en su intensidad. Detrás de esto, por así decirlo, y sólo en el límite de la visibilidad, hay algo parecido a una masa de huevos de rana, de color gris azulado y que vibra.

3. Los sonidos físicos son claramente audibles.

4. En esta condición, uno es capaz de cualquier alucinación imaginable de la vista o el sonido; o, para expresarlo desde el otro punto de vista, uno es tanto clarividente como clariaudiente.

5. En esta condición, especialmente si se confunde con el estado de vigilia, se es presa fácil del miedo salvaje e irracional.

6. Uno es consciente de extrañas tensiones atmosféricas, la sensación de antes de una tormenta, pero enormemente intensificada.

En general, este Estado de Trance es extremadamente desagradable y probablemente disuadiría a muchas personas si su principal motivo fuera la curiosidad.

La cuestión que se plantea ahora es la siguiente: ¿puede el Estado de Trance ser un preludio de un Sueño de Conocimiento, así como un efecto posterior? El tiempo demostró que la respuesta era afirmativa. En aquellos días no había descubierto cómo inducir el Estado de Trance, pero de vez en cuando me encontraba en él, a veces antes de dormirme, a veces después de un sueño ordinario o no recordado, y a veces después de un Sueño de Conocimiento. A medida que fui reconociendo mejor este estado, se multiplicaron mis oportunidades de experimentar. Fui aclarando las cosas y construyendo muy lentamente mi teoría para la liberación del alma en el momento de la muerte; pero aún no me daba cuenta de que era posible pasar del Estado de Trance al Sueño del Conocimiento sin ninguna interrupción de la conciencia. Cuando me encontraba en Estado de Trance, me servía de advertencia de lo que iba a suceder; sabía que las apariciones y los objetos extraños que veía con frecuencia, así como las voces aterradoras, eran astrales y no físicas, y no me dejaba asustar lo suficiente como para romper el trance. Me recordaba que había pasado el «Guardián del Umbral», pero siempre había una interrupción de la conciencia antes de encontrarme disfrutando de la gloriosa emancipación del Sueño del Conocimiento. Nunca lo experimenté sin tener miedo y, a menudo, el pánico estropeaba mis resultados. A lo largo de todos esos años se desarrolló como una batalla entre el miedo y el amor a lo desconocido.

El tercer paso

Fue meditando sobre el Dolor como Advertencia, que imaginé localizado en la glándula pineal, lo que me llevó finalmente a mi nuevo descubrimiento. En la forma ordinaria no podía salir de mi cuerpo cuando estaba en Estado de Trance. Antes de que esto fuera posible, tenía que ocurrir algo misterioso, que en aquellos primeros experimentos probablemente ocurrió durante la ruptura de la conciencia. Al final me di cuenta de qué era ese algo: tenía que forzar a mi ser incorpóreo a pasar por la puerta de la glándula pineal, para que hiciera *clic* en ella, para que se cerrara detrás de mí.

Así se alcanza una etapa más, una etapa más allá del Estado de Trance con sus sensaciones, formas y sonidos aterradores. Entonces, y sólo entonces, pude salir de mi cuerpo físico (ahora invisible), experimentar la Consciencia Dual, y estar en el Sueño del Conocimiento (o viajando en el plano astral) sin ninguna ruptura previa de la conciencia. Sucedió estando en Estado de Trance, simplemente concentrándome en la glándula pineal y queriendo ascender a través de ella. La sensación fue la siguiente: mi ser incorpóreo se precipitaba a un punto de la glándula pineal y se lanzaba contra la trampilla imaginaria, mientras la luz dorada aumentaba de brillo, de modo que parecía que toda la habitación estallase en llamas. Si el ímpetu era insuficiente para atravesarla, entonces la sensación se invertía; mi ser incorpóreo disminuía y volvía a coincidir con mi cuerpo, mientras que la luz astral se apagaba hasta llegar a la normalidad. A menudo eran necesarios dos o tres intentos antes de que pudiera generar suficiente fuerza de voluntad para atravesar. Sentía como si me precipitara a la locura y a la muerte; pero una vez que la pequeña puerta se cerraba tras de mí, disfrutaba de una claridad mental que superaba con creces la de la vida terrena. Y el miedo desapareció. Salvo algunas excepciones, nunca sentí miedo una vez que había salido de mi cuerpo; lo que temía era el Estado de Trance, antes y después. Pasada la tempestad, se pasaba a aguas tranquilas y soleadas. Abandonar el cuerpo era entonces tan fácil como salir de la cama; pero siempre era incapaz de verlo –quizás porque su contraparte astral se retiraba conmigo– aunque podía ver la forma de mi esposa con bastante claridad. La Consciencia Dual se perdía generalmente después de que yo saliese de casa.

Se advierte al lector que no tome mis afirmaciones sobre la glándula pineal demasiado literalmente. El resultado que obtuve está fuera de toda duda, pero mi explicación del proceso real implicado puede ser más simbólica que precisa. Sin embargo, tengo razones para suponer que no estoy muy lejos en mi descripción, recordando siempre que las cosas son sólo relativamente ciertas, y que la verdad debe eludir siempre la palabra hablada o escrita, y es bastante irrelevante para el éxito del experimento. Empleando este método *se puede* obtener resultado.

El cuarto paso

Ahora faltaba una cosa: ser capaz de poder pasar a voluntad al Estado de Trance preliminar. Esto resultó muy difícil de lograr. Los síntomas iniciales eran bastante fáciles de producir, pero el problema era que este estado autoinducido era de muy corta duración. La más mínima perturbación bastaba para romper el trance en sus primeras etapas. Nueve de cada diez veces sucedía esto, y el trance se rompía antes de que fuera lo suficientemente profundo como para permitir cualquier intento de forzar la Puerta Pineal. Y, a menudo, cuando había logrado inducir un trance fuerte, perdía repentinamente la conciencia y me encontraba, después de un lapso no recordado, libre para moverme como lo haría en el plano astral. Sin embargo, he inducido el trance y he salido por la Puerta Pineal sin interrupción alguna de la conciencia; y he regresado a mi cuerpo para reforzar el trance y salir de él de nuevo y volver otra vez, etc., hasta seis veces en una noche, sin una sola interrupción en la continuidad mental de la experiencia. Para inducir el trance me acostaba, con los músculos relajados, volviendo la conciencia hacia el interior de la Puerta Pineal y excluyendo todo otro pensamiento; el cuerpo estaba pasivo, pero la mente activa en su concentración en este punto interior. Mis párpados estaban cerrados, pero creo que los ojos estaban entornados hacia arriba y ligeramente entrecerrados, esa era la sensación. El primer síntoma fue el efecto de ver, a través de mis párpados, la habitación llena de luz dorada. Luego vino el adormecimiento, comenzando por los pies y extendiéndose hacia arriba. Cuando el trance era profundo, esto se volvía bastante doloroso, especialmente en los músculos de la mandíbula; también había una sensación de enorme presión en el cerebro.

Éste fue el punto culminante de mi investigación. Ahora podía pasar de la vida ordinaria de la vigilia a este nuevo estado de conciencia (o de la vida a la «muerte») y regresar, sin ninguna interrupción mental. Es fácil de escribir, pero necesité catorce años para lograrlo.

El último experimento

En este trabajo me he limitado, en lo esencial, a describir los métodos adoptados para obtener un determinado resultado, pero no me ocuparé más del resultado mismo. Si el editor está de acuerdo y muestra suficiente interés, tal vez podría escribir otro artículo titulado «Más allá de la Puerta Pineal». Pero como mis experimentos concluyeron de una manera muy curiosa e interesante, deseo —aunque sólo sea en aras de la claridad— relatar brevemente cómo perdí este poder que tan dolorosamente había adquirido.

En abril de 1916, estando fuera del cuerpo, intenté volver a una encarnación pasada que me había sido descrita por una señora que era una médium de trance no profesional. Si hubiera querido viajar a la India, me habría precipitado inmediatamente con una enorme velocidad, pero quise volver a mi vida pasada y no se produjo ningún movimiento. De repente apareció un hueco en el escenario astral (como si se hiciera un agujero redondo en un cuadro) y vi muy lejos la puerta abierta de un templo, y más allá una estatua brillante. Esta escena era borrosa y tenía la apariencia de estar al otro lado de un túnel muy largo y estrecho. Quise pasar por ese túnel, pero me encontré con que era arrastrado violentamente, en dirección lateral, a alguna otra coordenada astral. Volví a pedirlo; de nuevo aparecieron el túnel y el templo, y de nuevo traté de ir hacia él. Esta vez, sin embargo, fui arrojado de nuevo a mi cuerpo, y con tal fuerza que el trance se rompió.

La siguiente vez que traté de inducir el Estado de Trance, descubrí que siempre estaba ante mis ojos internos la visión de una *crux ansata* negra, y entonces mi magia no funcionaba, la trampilla *no se abría*. La *crux ansata* no podía ser disipada. Cuando cerré los ojos y me volví hacia la luz, el símbolo se mostró claramente, como si estuviera pintado en negro sobre el campo rojo de mis párpados. Con los ojos abiertos, en una luz tenue, aún podía verlo como si se proyectara frente a mí. Y por más que lo intentaba, ya no podía pasar la Puerta Pineal.

Poco después inicié una larga investigación sobre los poderes de un notable médium de voz directa, que tenía, sin embargo, la poco envidiable reputación de ser un mago negro. En su compañía tuve muchas aventuras astrales —después de una interrupción de la conciencia me encontraba con él en el plano astral—, pero ya no podía abandonar mi cuerpo a voluntad. Y allí conocí y conversé con el grupo de seres espirituales que se manifestaron a través de mi amigo. Sus enseñanzas eran extraordinarias; su grado espiritual parecía muy elevado. Creo que son entidades reales, pero, a pesar de su belleza personal y del encanto de su lenguaje, no estoy seguro de si son «blancas» o «negras». Me dijeron que habían sellado mi puerta porque yo estaba sintonizando con fuerzas psíquicas que podrían barrerme antes de que mi trabajo en la Tierra hubiera terminado. No sé. *Algunas cosas* las he comprobado por mí mismo, pero cada pequeño avance que hacemos sólo sirve para acentuar las profundidades de nuestra abismal ignorancia.

En 1915, el Ejército había rechazado mis servicios, pero, a principios de 1917, cambiaron de opinión y me confiaron amablemente un pico y una pala; más tarde, también un rifle. A lo largo de dos años y medio de servicio activo, mi negra *crux ansata* me hizo compañía, y permanecí prisionero en mi cuerpo. Ahora he vuelto, bastante destrozado, y la cicatriz de mi abdomen tiene la forma de una *crux ansata*. Parece que los dioses tienen sentido del humor. El símbolo visionario aún permanece ante mis ojos internos, pero ahora es muy tenue y difícil de ver. Tal vez cuando se haya desvanecido del todo, mi Puerta Pineal se abra de nuevo. No intento explicar estos sucesos, pero he escrito un relato verídico de ellos.

Conclusión

El psicoanálisis no es precisamente un descubrimiento nuevo, pero últimamente ha penetrado en las corrientes populares. Si se mencionan los sueños, se recibe un triunfante «Pero Freud dice que...». Creo que algunos de mis amigos creían que si leía a Freud moriría con el corazón roto. Pues bien, he leído la gran y admirable obra del profesor Sigmund Freud titulada *La interpretación* de *los sueños,* y no ha perturbado mi ecuanimidad. Creo que hay mucha verdad en ella, y he aplicado sus métodos de forma bastante satisfactoria para interpretar algunos de mis sueños ordinarios, especialmente los de tipo absurdo. Pero hay sueños y sueños. Estoy convencido de que las teorías psicoanalíticas no los explican todos. Creo que el médico vienés es un hombre bondadoso con un gran intelecto, pero ni siquiera él lo sabe todo. Por ejemplo, no creo que admita que la astrología «funciona»; pero yo sé que sí lo hace.

Más allá de la puerta pineal

Este artículo es la continuación de «La Puerta Pineal», publicado en la revista *Occult Review* del mes pasado, al que debo remitir respetuosamente a los nuevos lectores, en caso de que mis observaciones actuales resulten ininteligibles. Allí traté del método empleado para obtener un determinado resultado, que puede ser considerado como un estado anormal de conciencia, o como una liberación temporal del alma de su vehículo físico. Ahora voy a dar algunas notas sobre el resultado en sí. Me temo que este documento parecerá, en el mejor de los casos, un poco escaso e inadecuado, pero su propia naturaleza hace que esto sea inevitable. El explorador solitario en el plano astral se enfrenta a tantas dificultades que le es imposible presentar un cuadro que sea un todo claro y coherente. Luchando por resistir la atracción de su cuerpo físico, a menudo arrastrado contra su voluntad, como una hoja en un vendaval, por las poderosas y desconocidas corrientes astrales, sólo puede vislumbrar un poco de aquí y un poco de allá, e incluso entonces, sus recuerdos se desvanecen con sorprendente rapidez, especialmente si el regreso al cuerpo es, de alguna manera, violento. El encanto persiste en su alma, pero sus registros, las palabras escritas, los intentos inútiles de traducir lo intraducible, parecen tan fragmentarios y desprovistos de encanto. Al tratar el resultado, sólo daré, por tanto, algunas notas aproximadas sobre asuntos que me parecen interesantes. Una vez más, me gustaría subrayar este hecho, que empleo la primera persona porque es obviamente más conveniente y porque éste es un registro puramente personal. He sido un investigador práctico y un estudiante de lo oculto, pero no pretendo ser una autoridad en éste o cualquier otro tema.

La locomoción

En el plano astral es posible, por supuesto, caminar, lo mismo que en la Tierra, aunque en condiciones favorables el esfuerzo es casi insignificante. Sin embargo, cuando el Estado de Trance se debilita y, por consiguiente, la atracción del cuerpo aumenta su fuerza, mientras que ese misterioso dolor en la región de la glándula pineal avisa de que hay que regresar, entonces, caminar es como si se tirara de una cuerda elástica muy fuerte. También se puede emplear cualquiera de los modos artificiales de locomoción que conocemos en la Tierra. La gente que no puede olvidar o perdonar el cigarro del pobre Raymond se enfadará mucho conmigo cuando diga que hay tranvías eléctricos en el plano astral; pero los hay, a no ser que no exista el plano astral y mis tranvías funcionen sólo en mi cerebro. Pero en este extraño reino hay tres formas adicionales de viajar, que la gravedad no permite a los mortales ordinarios en la Tierra:

(a) Deslizamiento horizontal.
(b) Levitación.
(c) Viaje hacia arriba (o «Skrying»).

Deslizamiento horizontal

El deslizamiento se realiza mediante un esfuerzo puramente mental, permaneciendo los brazos y las piernas pasivos. En mis primeros experimentos, me resultaba difícil arrancar, pero una vez había arrancado, la velocidad era extrema, aparentemente siempre creciente, hasta que llegaba a mi destino con un «*bang* silencioso». En otras palabras, la última etapa del viaje parecía demasiado rápida para ser comprendida y, de repente, estaba allí, como si hubiera caído de la nada, o me hubiera materializado instantáneamente en el nuevo escenario. Pero en algunas ocasiones la línea de mi movimiento voluntario parecía contrarrestar una corriente astral opuesta, de modo que disminuía la velocidad y aterrizaba suavemente, o incluso era arrastrado de nuevo si la corriente era demasiado poderosa para mi voluntad. Yo, sin guía que me ayudara, estaba siempre a merced de estas corrientes astrales o corrientes de fuerza invisibles. Por ejemplo, podía querer viajar a cualquier ciudad. Comenzaría tomando aparentemente el atajo oculto más corto, o la línea de menor resistencia, a través de casas, árboles, etc. Atravesar estos objetos produce un efecto deslumbrante y confuso, que actúa como una fricción sobre la energía mental de uno y puede ser suficiente para romper el trance. Si tenía suerte, llegaba a la contraparte astral de la ciudad, pero la mayoría de las veces me veía arrastrado de mi línea de movimiento por una corriente astral más fuerte y llevado a algún destino extraño. Podía encontrarme en los hermosos terrenos de un palacio señorial, o podía llegar a descansar ante un viejo caballero regordete y pomposo de chaleco blanco, tranquilamente reclinado en el seno de su familia, y totalmente ajeno a mi imperdonable intromisión en su vida hogareña. A veces estas aventuras astrales se volvían deliciosamente irresponsables —como una de las novelas del señor Chesterton—, cualquier cosa podía suceder. Pero fíjese en esto: si ese viejo caballero oracular se volvía tan divertido que me reía a carcajadas, en el momento de ceder a mi emoción perdía el control mental, mi cuerpo me atraía hacia sí, a veces con tal violencia, que el trance se rompía y mi experimento terminaba. Cuando volvía a mi cuerpo, caminando o planeando, por mi propia voluntad, me acercaba a él de forma normal; pero cuando me reclamaba contra mi voluntad, siempre experimentaba la sensación de ser arrastrado hacia atrás en dirección a él. Al planear, los pies parecen rozar la superficie del suelo, o estar, a lo sumo, sólo a unos pocos centímetros por encima de él.

Levitación

Los otros dos modos de locomoción tienen la naturaleza de la levitación, aunque creo que son esencialmente muy diferentes. El que he llamado «levitación» es fácil e inofensivo, mientras que el otro método

–que he denominado «viaje hacia arriba»– es difícil y peligroso, en mi opinión. Teniendo en cuenta esta distinción, paso a describir la levitación. Recordad que sólo hablo de mis propias experiencias, que han sido siempre uniformes, y que no quiero generalizar ni ser dogmático en mis afirmaciones. A diferencia del deslizamiento, mi levitación no se realizaba mediante un esfuerzo puramente mental; había una atracción hacia abajo, análoga a la de la gravedad, que debía ser contrarrestada por un movimiento de aleteo de las manos; tampoco podía ascender con el cuerpo perfectamente vertical. Siempre encontré que era necesario el mismo método: estar erguido, con los brazos a los lados, luego dejar que el cuerpo se inclinase hacia atrás, de manera que formase un ángulo de unos sesenta grados con el suelo; entonces debía mover las manos con un suave movimiento de batido hacia abajo. De esta manera, uno se eleva lentamente hasta una altura de, digamos, cien pies; la aparente atracción gravitacional se vuelve mucho menor, y es posible cambiar de la posición inclinada hacia atrás, de modo que uno ya no viaja con los pies por delante, y el movimiento hacia adelante puede ser efectuado ahora por movimientos de los brazos similares a la brazada en la natación, aunque las piernas deben estar rígidas. Descubrí que, con este método, nunca podía elevarme a una altura aparente de más de cuatrocientos o quinientos pies, ya que más allá de eso experimentaba de repente un gran aumento del tirón hacia abajo. Además, nunca pude «mantenerme en el aire» más de unos minutos (?) cada vez. Esta levitación me resultaba muy fatigosa, y el trance se rompía a veces por lo que parecía ser un efecto de repercusión sobre el cuerpo físico. La diferencia entre este método de levitación y el del viaje hacia arriba se hará ahora bastante clara.

Viaje hacia arriba (o «Skrying»)

El viaje hacia arriba es como el vuelo, pero en dirección vertical. No hay una atracción hacia abajo análoga a la de la gravedad, sino sólo la llamada del cuerpo. Se realiza mediante un esfuerzo puramente mental, manteniéndose los brazos bastante pasivos, y se caracteriza por una enorme velocidad de ascenso. La levitación es una flotación suave, pero en el viaje hacia arriba uno sube como un cohete. Creo que será de interés si ahora comparto un extracto de mi cuaderno de notas, que trata de mi primera experiencia con el viaje hacia arriba:

9 de julio de 1914, 9 a. m. - mediodía. Volví a entrar en el Estado de Trance adecuado (acababa de regresar de una excursión astral), *plenamente consciente* de que estaba en él. Dejé mi cuerpo físico –como antes– y salí al jardín. Decidí entonces que haría mi primer intento de «Skrying», o viaje hacia arriba a través de los planos. Me puse erguido, con los brazos a los lados, y concentrando toda mi fuerza de voluntad en un esfuerzo supremo, traté de ascender. El efecto fue realmente sorprendente. Al instante la tierra cayó de mis pies –así me pareció, por lo repentino y rápido de mi ascenso. Contemplé mi casa, que entonces no era más grande que una caja de cerillas, y las calles no eran más que gruesas líneas que separaban las casas. Entonces me di cuenta de que estaba viajando en una dirección inclinada. Rectifiqué con un esfuerzo de voluntad y continué ascendiendo en línea recta. Pronto la tierra quedó oculta por las nubes blancas. Subí y subí y subí, con una velocidad cada vez mayor. La soledad que sentía era indescriptible. Arriba y arriba y arriba. Mi conciencia era perfecta excepto por una cosa: perdí el sentido del tiempo. Podría haber estado fuera de mi cuerpo físico durante un minuto, o una hora, o incluso un día, no sabría decirlo. Los pensamientos de un entierro prematuro me asaltaron. Arriba y arriba y arriba. La soledad era espantosa. Sólo los que han tenido una experiencia similar pueden darse cuenta de lo que yo sentía. El azul del cielo se había ido desvaneciendo poco a poco, pero el brillo de la luz no había disminuido, al menos en un grado notable. Entonces vi un fenómeno impresionante: de un punto del cenit surgió una sucesión de círculos concéntricos de luz, brillantes y de color plomizo, que se extendían en enormes ondas, como cuando se lanza una piedra a un estanque. Ante esta visión me asusté mucho, pero no perdí el control de mí mismo. Al darme cuenta de que casi había alcanzado el límite de mi capacidad de resistencia, quise descender. Al instante, el proceso se invirtió: el cielo se volvió azul de nuevo, la tierra apareció a la vista a través del velo de las nubes lanosas, se elevó al encuentro de mis pies, y así pasé una vez más a la casa y entré suavemente en mi cuerpo físico. Entonces experimenté un toque de catalepsia y tuve la ilusión de que mi mujer me abrazaba, intentando desesperadamente devolverme a la vida. Tales ilusiones (desde el punto de vista físico) las experimento a menudo en este Estado de Trance antes de dejar mi cuerpo o al volver a él. Rompí el trance sin mucha dificultad y me levanté de la cama. Era mediodía; por lo tanto, todo el experimento (incluyendo la excursión astral anterior) había durado tres horas. No sentí ningún malestar o secuela. De hecho, tuve una inusual sensación de frescura física y exaltación espiritual, que duró el resto del día. En realidad, el Sol brilló durante todo mi experimento, y así fue en mis experiencias fuera de mi cuerpo.

Me han dicho que, utilizando este método, es posible viajar a otros planetas, pero que es extremadamente peligroso para un estudiante que no esté bajo la guía de un Adepto. No he avanzado más en el deslizamiento que en esta primera experiencia, pues mis responsabilidades terrenales me han obligado a ejercer cierta prudencia en la prosecución de estas investigaciones. Antes de dejar este tema, quisiera decir que he leído con interés la carta del Sr. Noble Iverson, publicada en el *Occult Review*. Espero que mi artículo pueda serle útil.

Gente

En los sueños ordinarios y en los Sueños de Conocimiento (en los que sé que estoy soñando) me encuentro y converso con toda clase de personas, pero siempre que he pasado en plena conciencia por la Puerta Pineal, he encontrado:

1. Una *ausencia total* de elementales u otros seres terroríficos, como las horribles criaturas y animales extraños que se ven en los infiernos astrales.

2. Que, aunque pase entre multitudes, soy casi siempre *invisible* para ellas. No pueden verme ni oír mi voz, aunque pueden *sentir* mi tacto si experimento deliberadamente con esa intención. Sin embargo, hacerlo es desastroso, porque el sobresalto que dan en su espanto hace que yo también me sobresalte, lo cual tiene un efecto de repercusión

en el cuerpo físico y rompe el trance. Sin embargo, si no concentro mi atención en ellos, puedo pasar a través de sus cuerpos sin que se den cuenta de mi presencia. Sólo en muy raras ocasiones he sido visible para otra persona y he podido entablar una conversación. Y en estos casos excepcionales nuestra conversación ha sido de muy breve duración, porque el acto de hablar entraba en conflicto con mi control mental, y el trance se rompía. La voluntad de permanecer fuera del cuerpo no debe relajarse nunca durante todo el experimento. Si uno se olvida de esto, aunque sea por un momento, cediendo a una emoción o interesándose demasiado en sus rondas, el cuerpo hace valer inmediatamente su derecho.

3. En los Sueños del Conocimiento me he encontrado frecuentemente con seres que parecían estar muy por encima de mí a nivel espiritual, pero nunca me he encontrado con ellos en mi funcionamiento plenamente consciente en el plano astral después de forzar la Puerta Pineal. En todas estas experiencias he parecido estar peculiarmente aislado, sin encontrarme con ninguna inteligencia superior, ni tampoco me he encontrado con un compañero de investigación. Es como si funcionara solo en otro plano de existencia.

No intento explicar estas cosas, simplemente las registro. Pero sé que mis experiencias fueron reales y que otras personas pueden comprobarlas adoptando el método dado en mi documento anterior. No se deduce en absoluto que sus experiencias sean muy similares a las mías —por lo que sé, puedo haber sido protegido por guías invisibles, a pesar de mi aparente aislamiento—, pero creo que se aproximarían lo suficiente como para demostrar la veracidad de mi relato. No soy clarividente, clariaudiente o médium en la vigilia; pero puede ser que mi éxito en esta investigación se deba a alguna anormalidad psíquica desconocida. No tengo ninguna razón para suponer que sea así, pero si lo fuera, mi método podría ser imposible para alguien que no poseyera el desarrollo necesario de cualquier órgano psíquico implicado —¿quizás de la glándula pineal? Ahora daré otro extracto de mi cuaderno de notas:

En algún momento del otoño de 1913. Por la tarde, con la intención de experimentar, me acosté en la cama y logré entrar en Estado de Trance. Luego procedí a salir de mi cuerpo, experimentando la doble conciencia hasta que salí de la casa (pasando por las puertas cerradas), pero al llegar a la calle no pude sentir mi cuerpo físico tendido en la cama. Había caminado unos cien metros, aparentemente sin ser observado por las pocas personas que había, cuando fui atrapado por una fuerte corriente y arrastrado a gran velocidad. Llegué a descansar en un hermoso pero desconocido lugar. Parecía que se estaba celebrando una fiesta escolar, pues había muchos niños, vestidos de blanco, jugando y tomando té bajo los árboles. También había algunos adultos, en particular, una anciana gitana. De las hogueras que habían encendido salía un humo azulado, y una magnífica puesta de Sol ámbar arrojaba un suave resplandor dorado sobre la apacible escena. Seguí caminando hasta que llegué a unas casas de ladrillos rojos, que evidentemente marcaban el límite de la zona común en esa dirección. La puerta principal de una de estas casas estaba entreabierta, así que entré, con la curiosidad de ver si los habitantes se darían cuenta de mi intrusión. Al final del vestíbulo había un tramo de escaleras ricamente alfombradas. Subí por ellas. Al ver una puerta entreabierta en el primer rellano, entré y me encontré en un dormitorio cómodamente amueblado. Una joven, vestida de terciopelo color clarete, estaba de pie, de espaldas a mí, arreglándose el pelo ante un espejo. Podía ver aquel radiante color ámbar a través de la ventana situada junto al tocador, y la rica cabellera castaña de la muchacha brillaba enrojecida bajo esta glamurosa luz. Observé que la colcha de la cama tenía un aspecto arrugado y que había agua en una palangana sobre el lavabo.

«¡Ah, mi señora!», pensé. «Usted también ha estado acostada, y ahora se está poniendo presentable para el té, ¿o es la cena?».

No me importaba entrometerme en su intimidad porque ella no podía existir fuera de mi cerebro, y sabía, por experiencias anteriores, que había pocas probabilidades de que yo fuera visible para ella. Se me ocurrió colocarme justo detrás de ella y mirar por encima de su hombro en el espejo. Quería ver si reflejaba mi cara. Me situé tan cerca de ella que percibí una agradable fragancia que emanaba de su pelo, o quizás fuese el jabón que había usado recientemente. En el espejo pude ver su cara —una cara bonita, creo que sus ojos eran grises—, pero no se veía ni el más mínimo indicio de la mía.

«Bueno», pensé, «evidentemente no puede verme. ¿Puede sentirme?».

Puse una mano sobre su hombro. Sentí claramente la suavidad de su vestido de terciopelo, y entonces ella dio un sobresalto tan violento que yo también me sobresalté. Al instante, mi cuerpo me hizo retroceder y me desperté, siendo mi estado inmediatamente normal, sin duración del trance ni sensaciones catalépticas. No hubo efectos secundarios. El cielo occidental era azul cuando me acosté; pero al romper el trance vi que en realidad era del mismo glorioso color ámbar que había tenido en mi experiencia extracorporal.

Desgraciadamente omití la fecha de este experimento, aunque escribí el relato inmediatamente después; pero si esta señora existe realmente en el plano físico y tiene la oportunidad de leer este artículo –lo que me temo que es muy improbable–, a cambio de su testimonio le presentaré las más profusas y humildes disculpas.

Acabo de decir que no ha encontrado ningún elemental más allá de la Puerta Pineal, pero he visto algunos especímenes bastante temibles estando en Estado de Trance. He aquí un ejemplo con el que me encontré el 6 de febrero de 1916:

Grandes fuerzas parecían tensar la atmósfera, y unos destellos de luz verde-azulada provenían de todas partes de la habitación. Entonces vi un monstruo espantoso: una cosa vaga, blanca, filamentosa, sin forma, que se extendía en extrañas manchas, con protuberancias bulbosas y tentáculos en forma de serpiente. Tenía dos enormes ojos redondos, como globos llenos de fuego azul pálido, cada uno de unos quince o veinte centímetros de diámetro.

Pero tales cosas son, por supuesto, bastante inofensivas, siempre que uno pueda vencer el intenso miedo que inspiran. Sin embargo, el peligro para un corazón débil es obvio, ya que causan un gran impacto.

En el artículo anterior mencioné que, cuando estaba fuera de mi cuerpo físico, nunca pude verlo tendido en la cama, aunque la forma de mi esposa ha sido claramente visible. A veces he encontrado que el cuerpo de mi esposa también era invisible, y en estas ocasiones me he encontrado con ella a corta distancia, aparentemente funcionando en su vehículo astral. Hemos hablado juntos, pero al despertar, ella no ha tenido ningún recuerdo de los sucesos de la noche. Por desgracia, es raro que tenga recuerdos vívidos de sus sueños. Cuando me he encontrado con ella fuera del cuerpo, ha sido fácilmente reconocible, pero con una apariencia sutilmente alterada, y he notado una débil aura. En otros pocos casos he visto lo que parecía ser un aura, pero generalmente esto no es perceptible con las personas que encuentro más allá de la Puerta Pineal.

Decoración

En los sueños, con o sin el conocimiento de la ensoñación, he explorado varias regiones del plano astral; de modo que encuentro que puedo asentir, por mi propia experiencia, a muchos detalles dados en obras ocultas y buenos escritos automáticos, como el maravilloso *Guión* de Vale Owen. Podría añadir mis propias notas a la literatura sobre este tema, pero en el presente artículo deseo limitarme a las cosas tal como las he encontrado más allá de la Puerta Pineal.

¿Cuáles son entonces las características generales del escenario que enfrenta el investigador que ha pasado *en plena conciencia* por esa misteriosa trampilla interior? La respuesta es que, teniendo en cuenta la atmósfera divinamente glamurosa, mágica en su cualidad transformadora, que puede hacer que incluso una prosaica máquina de vapor parezca hermosa –este mundo más allá de la Puerta Pineal es notablemente similar a la Tierra. Uno tiene, es cierto, los poderes extendidos de locomoción y el de penetrar objetos aparentemente sólidos, la maravillosa claridad mental, el sentido divino de bienestar y poder –uno tiene todo esto–, pero los alrededores son realmente sorprendentes como este mundo nuestro que los extractos que he dado de mi cuaderno tienden a mostrar. Sin embargo, existe una diferencia: la contraparte astral (si es que lo es) de una ciudad parece mucho más grande que la terrestre, porque además de sus estructuras y características actuales se encuentran edificios, monumentos, etc., que no tienen existencia actual en la Tierra. Algunos de ellos pueden haber existido en el pasado, y otros sospecho que son formas mentales muy poderosas, o tal vez los presagios astrales de los edificios terrestres que están por venir. Para los no iniciados, esto sonará muy absurdo, pero considérenlo de esta manera: cada empresa tiene su horóscopo, la clave de las fuerzas ocultas que están detrás de su creación. Si usted puede conectarse con el rastro psíquico de las fuerzas que gobiernan el Colegio Técnico de la ciudad X, puede obtener una visión de los nuevos edificios que ocupará esa institución en 1930 –lo que hace un aliado de la psicometría. ¿No se escribió hace tiempo que el pasado, el presente y el futuro son en realidad uno solo? Pues bien, el plano astral es una red infinita de senderos psíquicos, y la ciudad X, en su conjunto, también tiene su horóscopo. No quiero insistir en este punto. Para el explorador astral, pues, la ciudad X resultará a la vez familiar y extraña, una curiosa mezcla de lo conocido y lo desconocido, de lo antiguo y lo nuevo o ultranuevo, y el efecto general será que la ciudad X astral es mucho más grande que la terrenal. Y, según mis experiencias, el investigador que realice su «tercer viaje a la ciudad X astral» seguirá encontrando las mismas características (inexistentes en la Tierra) que le desconcertaron en su primera aventura. Pero hay un punto que quiero subrayar: aunque el paisaje se parezca tanto al de la Tierra, más allá de la Puerta Pineal, los edificios son más que edificios, son cosas vivas. Permítanme citar de nuevo:

14 de diciembre de 1913. No había nadie más que yo, aunque era de día, y el cielo sin nubes era de un delicioso azul pálido. Salí a una gran plaza y ante mí se alzaba un edificio colosal, un milagro de volumen y belleza arquitectónica. Su diseño era más bien gótico, una masa de encajes y detalles tallados, con innumerables ventanas puntiagudas e innumerables nichos con estatuas. El conjunto resplandecía con una suavidad indescriptible, compuesta de mil matices y colores sutiles, en la maravillosa brillantez y pureza de la luz del sueño. Este edificio no era sólo una cosa de ladrillo y piedra, parecía ser una cosa viva, tener un alma eterna, y para mí tenía todo el atractivo elevado e intensamente espiritual de una mujer encantadora. Ese edificio por sí solo podría haber inspirado una novela, que podría llamarse *La gloria de los pináculos* –tomándolo prestado de *El abate Vogler* de Browning.

Los utilitaristas y los filisteos se burlan cuando un poeta se enamora de un edificio hermoso; ¡parece algo tan «incruento»! Pero la bella estructura es la expresión concreta en el plano material de una idea hermosa, y detrás de la idea puede haber un ser aún más hermoso que la hizo nacer. La fuente puede ser «negra». Sí, pero detrás de todas las cosas, detrás del Rostro Oscuro y del Blanco, y en todas las cosas, existe la Única Vida Suprema, la Única Verdad Eterna.

En estas excursiones extracorporales parece que la capacidad de percepción aumenta enormemente, y si los objetos inanimados parecen dotados de vida, ¡cuán tremendamente vivo está el propio investigador, liberado de su prisión de materia! Pero esta extraña cualidad de estar vivo no hace que todas las casas astrales sean agradables a la vista y al alma. Ni mucho menos. Sin embargo, nunca he encontrado más allá de la Puerta Pineal las horribles condiciones y las espantosas formas, tanto humanas como no humanas, que caracterizan a los infiernos astrales; tampoco he encontrado allí los vastos museos, en maquinaria comprensible, y las maravillosas ciudades fantásticamente bellas que existen en otros niveles astrales. Como ya he dicho, estoy bastante familiarizado con estos «infiernos» y «cielos», pero nunca los he explorado siendo plenamente consciente en ese momento de mi condición preclara y de mis poderes, después de forzar mi yo incorpóreo a través de la Puerta Pineal. Es posible que en ese momento supiera que estaba soñando, pero hay una gran diferencia entre saberlo (de manera teórica) y *realizarlo*, entre encontrarse en el plano astral, después de una interrupción de la conciencia, y pasar allí directamente desde la vigilia, sin interrupción de la continuidad mental.

Parece, pues, que este mundo más allá de la Puerta Pineal ocupa una posición intermedia entre los horrores de los infiernos astrales y las bellezas fantásticas de los cielos astrales; los extremos no tienen lugar allí y, con las diferencias que hemos señalado, se parece mucho a nuestra Tierra. Ahora bien, ¿por qué? ¿Es realmente así debido a algunas condiciones desconocidas que limitan el campo de exploración? ¿O es sólo que mis oportunidades de investigación han sido escasas? No puedo intentar responder a esta pregunta. Para mí, sigue siendo uno de los problemas más desconcertantes de toda la investigación.

En el mundo astral, se nos dice que la luz varía según el nivel del subplano y el grado espiritual de los seres que actúan en él, pero ¿qué ocurre con este reino que constituye el objeto de mi trabajo? ¿Es de día allí cuando es de día en la Tierra? Según mis investigaciones, la respuesta es sí. A menudo he notado, al salir del Estado de Trance, que el cielo «real» era el mismo que el cielo «soñado» que acababa de dejar, aunque el cielo original, observado antes de entrar en Estado de Trance, podría haber sido muy diferente. Ésta ha sido mi experiencia en lo que respecta a los lugares que me son familiares; pero a veces, cuando el lugar ha sido bastante extraño, me he encontrado con que era de día allí, aunque de noche aquí en Inglaterra. Y, por supuesto, si el lugar desconocido resultaba estar en algún lugar de la región de las antípodas, o a cinco o seis horas por delante de nosotros, así sería. Una noche llegué, al parecer, a alguna extraña ciudad india, atestada de nativos, aunque había algunos europeos, y allí era de día. Allí vi una curiosa fuente: un elefante arrodillado, esculpido en piedra negra, expulsaba de su trompa enroscada una lluvia de agua, que era recogida en una pila blanca en forma de concha. Que yo sepa, nunca he oído hablar de una fuente así, ni he visto una foto de ella. ¿Puede alguien decirme si existe en la Tierra?

Conclusión

En estos dos artículos he intentado tratar un tema muy oscuro, lleno de sutiles distinciones, y verdaderamente puedo decir que la tarea no me ha resultado nada fácil. Se podría haber hecho mucho mejor, lo sé, pero he hecho lo que he podido, aunque sea insatisfactorio, y no puedo evitar pensar que un lector cuidadoso y sufrido podrá seguirme. Hay algo de valor real para el estudiante de ocultismo en este relato de mi investigación –lo creo firmemente–, aunque admito sin reservas que mi simbolismo pineal puede resultar confuso si se toma como un hecho literal, y que probablemente soy bastante ignorante de la verdadera naturaleza de mi descubrimiento. Utilizo la palabra «descubrimiento» porque *para mí* lo fue. He esquivado la tarea de escribir sobre esto y otros asuntos ocultos durante muchos años, ya que era una problemática demasiado grande. Pero hace poco, cuando parecía más seguro que «se acercaba mi hora», lamenté mi postergación. Tuve una sensación de haber *malgastado* mi tiempo. Pienso que, después de todo, si cuento lo poco que he hecho y visto, y mis hermanos igualmente discretos hacen lo mismo, se ampliará la masa de datos disponibles, y entonces un día el Sr. Mente Maestra podrá venir y trabajar en ello y decirnos lo que hemos estado haciendo, lo que realmente significa. Tal es la razón de estos artículos.

Índice

Melita Denning y Osborne Phillips

PROYECCIÓN
ASTRAL

Cómo lograr experiencias extracorporales

EDICIONES OBELISCO

Cuando consigues alcanzar el nivel astral, rompes los lazos que mantienen unidos la mente y el cuerpo, entonces, a partir de ahí, puedes viajar a través del espacio y del tiempo, obtener un conocimiento superior, llegar a comunicarte con otros seres en planos astrales e incluso encontrar amor en otra dimensión.

Esta lectura te ayudará en tu consciente y exitoso viaje astral. Paso a paso, y por medio de ejercicios fáciles, los autores te orientarán para que consigas abandonar tu cuerpo de una manera segura, renueves tu salud física y emocional, y alcances el pleno desarrollo de tu espíritu y de tus facultades psíquicas.

Libérate de todas aquellas limitaciones impuestas a tu alrededor; tu consciencia es infinita. En esta obra descubrirás por qué no hay que sentir temor hacia la muerte una vez aprendes qué es vivir fuera de tu cuerpo físico. Engrandece la calidad de tu vida actual consiguiendo una visión más amplia de la existencia humana por medio de las técnicas que los autores de este libro te ofrecen.